試験合格後の
仕事を支える

キャリアコンサルタントのための
労働法と社会保障のしくみ

CAREER CONSULTANT

社会保険労務士・キャリアコンサルタント　石井 清香

税務経理協会

はじめに

2016年に職業能力開発促進法が改正されて、「キャリアコンサルタント」が国家資格になりました。そして、その期待やニーズから、2024年までに10万人養成するという数値目標が立てられ4年が経ちました。この間、労働環境も変化して、さらに大きく個人の働き方が変ろうとしています。

これまで、日本では、従業員個人の能力について、自社で育成して培われた能力を重んじる傾向があり、せっかく仕事を通じて身につけたものでも、公的な何らかの裏付けがないという背景から、それが転職先ではあまり評価してもらえないという問題がありました。

つまり、転職者の能力について、転職先の会社では簡単に信用されない傾向があるとされています。そういった問題が、欧米諸国と比較して、外部労働市場の流動化を乏しくする要因のひとつと考えられます。

そこで、キャリアコンサルタントが面談を行い本人の履歴書の作成を援助することで、今まで経験してきたことを客観化してより明確にし、アピールするものに仕上げることで転職をサポートする一翼を担っているのですが、残念ながらあまり機能していないのが現状です。

しかし、一方で、キャリアコンサルタントの活躍の場は確実に広がっているように考えられます。キャリアについて、ドナルド・E・スーパーの理論「ライフキャリアレインボー」では、“キャリアは生涯にわたって発達し、変化する。そして、人生役割（ライフロール）との密接な相互関係からなる”としています。キャリアを形づくる個人の価値観や社会環境等は時間の経過とともに変化しますが、現代では、より各年齢や場面での人生役割が増え、より複雑になっているように思います。

つまり、仕事だけではなく、子育てなど家族との時間や、ボランティア活動への参加など、プライベートな時間を大切にするような価値観を持つ、あるいは大学院への入学など、学び直しをしてキャリアチェンジを考えるなど、楽しみながらその年代に応じた役割を考えて、自らキャリアを紡いでいくという人生観も広がってきたように思います。

こうした個人の価値観の変化にともない、キャリアコンサルタントも個人の多様なニーズに応えられるような情報や知識が必要になってきているのではないでしょうか。

とりわけ本書は、新型コロナウイルス問題に起因する緊急事態宣言の下で執筆をしました。多くの会社が、緊急にテレワークを導入するなど、否が応でも「働き方改革」を迫られています。多様な働き方を、多様なキャリア形成を、という流れは、これからさらに加速することでしょう。

このようにキャリアコンサルタントは、個人のキャリア構築に重要な役割を担っており、個人の状況に応じた働き方をアドバイスする、身近な相談者です。その際、労働法や社会保障について、もう少し充実した情報を提供し、あるいは考慮に入れながらキャリアコンサルティングをすることで、より中身の濃い充実したものになるのではないか、というのが、本書の意図です。

本書は、今後、キャリアコンサルタントに対する社会の期待が高まるなか、さまざまな人生のイベントや環境の変化に応じられるよう、相談時に必要な法的知識をケース毎にまとめたものです。もちろん、各章のケースで説明している制度や法的知識は他のケースでも流用できるものもあります。

そしてこれは、会社の人事労務担当者においても各ケースを解決するための必要な法的知識ですので、ご参考にしていただけますと幸いです。

最後に、がん治療の記述箇所を確認いただいた腫瘍専門医である高校の学友の畑中一映医師等、そして、本書の編集をしていただきました吉冨智子氏に、この場を借りて深謝いたします。

2020年8月

石井清香

目　次

第2章　高年齢者のケース

第 7 章 性的マイノリティであるケース

序章

多様な就労者に充実したキャリアコンサルティングを

第1節　はじめに

2019年4月から政府が経済政策として取り組んでいる、働き方改革関連の改正法が施行されました。この改正では、大きな2つの改革の柱があり、1つ目は多様な背景を持つ就労者が活躍できるように労働時間を規制する、2つ目は正規と非正規従業員の賃金等の待遇格差を是正することです。

改正の背景には、将来的に労働力人口の減少が見込まれるなか、どの業界でも人手不足が言われるようになってきたことがあります。また、高齢化が急速に進んでいる産業も出てきており、限られる人的資源の労働生産性を上げて、どのように有効に活用していくかが問われています。そして、人手不足の解消として、家庭と両立できるような労働環境が求められる女性や家族を介護する従業員、高齢者、がんなどの病気を抱えた従業員などさまざまな事情を持つ従業員がより幅広く活躍できるようにその労働環境を整えていくことが企業に求められ、今回の法改正でも労働時間の規制の強化が図られました。さらに、多様な人材の活用として、2019年4月から「特定技能」という新たな在留資格が創設され、まだ定型的な仕事にとどまっていますが、業種、期間限定で外国人の労働者を受け入れる仕組みもスタートしました。

かつては長時間就業できる男性中心の労働力構成が合理的であった時代がありました。そこには、標準化した製品やサービスを模倣し、これを低価格で製造することで利潤の最大化を図ることを主要な目的とした「日本的経営」の特質が関係していたとも考えられます。つまり、多様な人材が持つ個性から引き出される視点、能力、発想等よりも企業にとって必要なレベルの均質化された労働力が企業にとって必要とされたのです。また、従業員の企業へのコミットメントや長時間労働のおかげで、企業は利益を上げ、日本の経済成長をもたらしてきた、と考えられてきました。

しかし、バブル崩壊後の1990年代以降は、経済不況の中で、日本経営者団体連合会（現在の日本経済団体連合会）が1995年に「新時代の日本的経営」を発表し、そこで正規従業員を絞り込み非正規従業員を増やして労働費用を圧縮することを主張し、これを契機としてその後の経済のグローバル化、世界経済の停滞、産業構造の変化の過程で、雇用の非正規化・不安定化が促進されることになりました。一方、日本では人口減少とともに市場が縮小し、縮小された市場において売り上げを伸ばすためには製品や事業領域の差別化が必要になりました。

このような過程を経て、今や、大企業では「三種の神器」として挙げられていた終身雇用制度、年功制度、企業別労働組合を構成する日本型雇用システムは少しずつ崩壊し、社会・経済構造も変化してきました。そして、企業業績を上げていく術として、長時間労働で不必要な製品や過剰なサービスを消費者に提供するよりも、IOTなどのテクノロジーの活用とともに、労働生産性を上げてニーズに合ったしかも差別化された製品・サービスを創り出し、提供する時代に移行してきていると考えられます。そこで、企業経営の中で、均質的な労働力のみに依存するのではなく、多様な視点や多様な労働力を、企業内の中核を形成する人的資源として積極的に活用していくという考えが、広がってきたのです。

さらには、個人の価値観やライフスタイルもより多様なものに変化してきており、従業員として従来のように企業へのコミットメントや終身雇用にこだわらず、より豊かな人生を送るにはどのようなキャリアデザインを描いたらいいのかという視点で、「働く」ということを自身のライフスタイルやライフイベントも考慮に入れながらより多様な形で考えるようになってきているように思います。

つまり、今まではその企業組織や企業風土の方に人が合わせて働いてきた時代であり、それでもその企業に人が集まってきた時代だったのですが、これからは、企業の方が従業員の抱える家庭環境や特性に寄り添って、個別に多様に対応していく時代になってきたのです。

このように、企業は、個々人の考え方を尊重して人を活用することがこの先ますます必要になるでしょう。そして、様々な背景を持つ従業員を個人の事情に応じて臨機応変に対応していく必要性も出てきます。例えば、子育てや家族の介護が必要な従業員やがんなどの重篤な病気やメンタルヘルス不調になった従業員などの個別の事情に対応するために必要な知識を持ったうえで、柔軟で適切な対応が求められるようになってきているといえるのです。

その際、多様な働き方を求める就労者に、より充実したキャリアコンサルティングを行っていくためには、労働関係法規を含めた知識の充実もより求められるのではないかと思います。

第2節　主な労働関係法規

そこで次に、会社の労務管理に必要な労働関係法規について簡単に触れたいと思います。

憲法25条は「すべて国民は、健康で文化的な最低限度の生活を営む権利を有する。」ことを保障しています。そのうえで憲法27条1項では「すべて国民は、勤労の権利を有し」と定められ、同条2項では「賃金、就業時間、休息その他の勤労条件に関する基準は、法律でこれを定める」とされ、憲法28条は、労働者の団結権を憲法上の権利として保障しています。

資本主義社会において、人が生きていくうえではまず何よりお金（賃金）を稼がなければなりません。そのためには勤労の機会が保障されていなければなりません。また、人が人らしく生きるうえでは生きがいが必要であり、その生きがいと勤労は結び付いています。それゆえ、勤労は、すべての国民の権利なのです。もっとも、雇い主と労働者との間には力の差があり、雇い主側の主導で勤労条件が一方的に切り下げられることのないように、前述のとおり、憲法27条2項で勤労条件の最低条件を法律で定めることとされ（これが、「労働基準法」です）、憲法28条で労働者の団結権（すなわち、労働組合を作る権利）が憲法上の人権として保障されたのです。

しかし、資本主義社会では景気の変動は不可避であり、失業が生じることもあります。あるいは病気や障害、高齢を理由に働けなくなることもあるでしょう。それでも「最低限度の生活」を福祉制度によって保障する、これが「生存権」といわれる憲法25条の意味です。以上の諸権利は、自由権とは異なり、社会権と言われていて、日本国憲法は、こうして社会権を手厚く保障しているところに特徴があると言われています。

以上の趣旨に基づいて、図表1のとおり、労働関係の法制度や、社会保障関係の法制度が設けられています。

図表1　主な労働関係法規

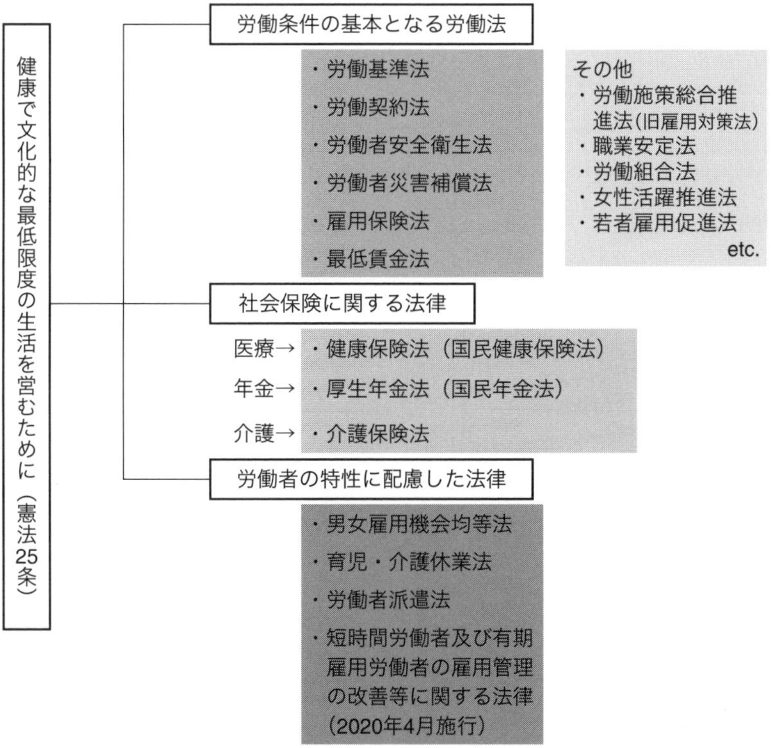

（出所：筆者作成）

第3節 雇用形態

雇い主が労働者を雇うということについて、何か決まりのようなものがあるのでしょうか。

労働条件の最低基準は、前述のとおり、労働基準法にその定めがあります。しかし、そこでは、1日、週、月の総労働時間の制限や、「毎月1回以上全額を通貨で支払わなければならない」等の賃金の支払い方、その賃金は政府の定める最低賃金以上であること（最低賃金法）等の決まりはありますが、雇用形態についての法律上の定義はありません。そして、通常は、会社にて勤務しますが、自宅で働くという方法が許されないわけではありません。

この点は、会社が雇用形態などについての定義づけを「就業規則」で定めることになります。この章以降、各雇用形態を踏まえたうえで解説を行っていきますので、厚生労働省の分類の仕方を参考に本書での定義づけをしておきたいと思います。

まず、大きな括りで分類すると、労働契約期間に定めがあるかどうかで、無期雇用労働者と有期雇用労働者に分かれます。

無期雇用労働者とは、正社員（短時間勤務の正社員、勤務地等を限定した限定社員を含む）、無期転換社員（フルタイム、短時間）を指します。有期雇用労働者とは、フルタイムあるいは短時間の契約社員、有期のパート・アルバイトを指します。

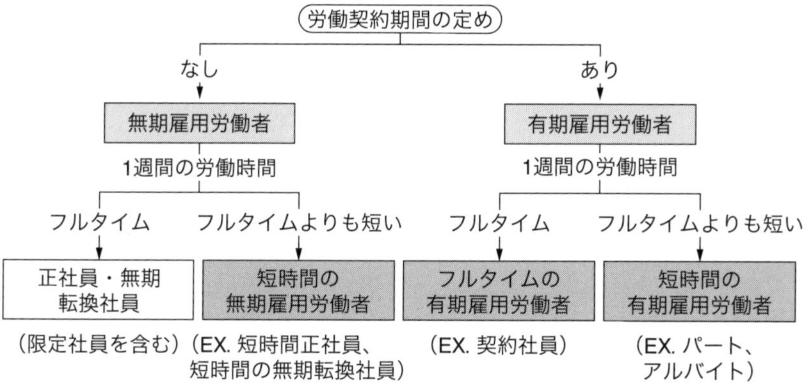

（出所：厚生労働省の分類を参考に筆者作成）

正社員とは、長期に雇用し、育成されることを前提として採用され、契約期間に定めが無い従業員です。

短時間正社員は、最近よく目にすることが多くなってきましたが、フルタイムの正社員と比べて、その所定労働時間あるいは所定労働日数が短い正社員であって、次のどちらにもあてはまる従業員をいいます。

① 期間の定めのない労働契約を結んでいる。
② 時間当たりの基本給および賞与・退職金などの算定方法などが同じ事業所に雇用される同種のフルタイムの正社員と同等である。

そのほか、転勤なしの地域限定で勤務する従業員、職種を限定する従業員などを含めてこれらを限定社員と総称することもあります。

短時間正社員、地域限定社員制度の導入には、仕事と子育てや家族の介護の両立のために、あるいは病気の治療をしながら働きたい場合にマッチした働き方であり、優秀な人材の獲得や従業員の定着率の向上、採用コストや教育訓練コストの削減、社員のモチベーションアップ、外部に対するイメージアップといったメリットがあります。

無期転換社員とは、有期契約で雇用された後、更新を繰り返し、通算5年経過後、無期の社員に転換した従業員をいいます。また、ここには、正社員よりも所定労働時間の短い無期転換社員も含まれます。

契約社員とは、雇用期間が有期ですが、正社員と同じ就業時間・労働日数であるというケースが多いです。パートと呼んで使用する会社もあります。雇用期間が 5 年経過すると無期の社員に転換できます。このような期間の定めのある労働契約は、労使の合意により契約期間を定めたものであり、契約期間の満了によって労働契約が終了することとなります。1 回当たりの契約期間の上限は一定の場合を除いて 3 年です。

パート・アルバイトとは、1 週間の所定労働時間が正社員に比べて短い従業員を指し、補助的な仕事をするケースが多いです。雇用期間が 5 年経過すると無期の社員に転換できます。

嘱託社員とは、定年後再雇用された従業員を指します。

「高年齢者等の雇用の安定等に関する法律」(高年齢者雇用安定法) の一部が改正され、2013 年 4 月 1 日から従業員を 65 歳まで継続的に雇用することが義務づけられました。

この改正で、会社は「65 歳までの定年の引上げ」「65 歳までの継続雇用制度の導入」「定年の廃止」のいずれかを選択しなければなりません。「継続雇用制度」とは、雇用している高年齢者を、本人が希望すれば定年後も引き続いて雇用する、「再雇用制度」などの制度をいいます (自社のみならずグループ会社で雇用されることも認められています)。

継続雇用制度は定年制の対象となる従業員のうち一部を除いて原則として希望者全員を対象としなければなりません。

派遣社員とは、派遣会社の社員として雇用され、派遣先の会社で仕事をする従業員を指します。労働者派遣とは、労働者が人材派遣会社 (派遣元) との間で労働契約を結んだ上で、派遣元が労働者派遣契約を結んでいる会社 (派遣先) に労働者を派遣し、労働者は派遣先の指揮命令を受けて働くというものです。労働者派遣では、法律上の雇い主はあくまで人材派遣会社になりますが、仕事の指揮命令をするのは派遣先の会社という複雑な雇用形態となっています。

第1章
非正規雇用のケース

第1節 非正規雇用の広がり

世界に先駆けて超高齢社会に突入している日本では、将来的に労働力人口が減少することが見込まれますが、そうしたなか女性の労働力人口はむしろ増加し、教育水準も上がり 4 年生大学への進学率が男女ともにあまり変わらない時代となりました。そして、1997 年から共働き世帯が専業主婦世帯より増加し、労働力人口総数に占める女性の割合は 40 %を超えました。今までの女性の労働力率は、結婚・出産期に当たる年代に一旦低下し、育児が落ち着いた時期に再び上昇する M 字を描いていましたが、現在では欧米諸国に近づきほぼ台形状になっています。

しかし、労働力調査をみると、女性の正社員の割合は 25 歳〜29 歳をピークにして下がっており、M 字の底が引き上がった部分は契約社員（有期雇用労働者のことです)、パート、アルバイトなどの非正規労働者となっています。

そして、2018 年の総務省の「労働力調査」によれば、非正規労働者の 7 割が女性であり、年齢別にみると子育て期の 35 歳から 54 歳までの割合が高くなっています。また、さまざまな業界で人手不足の中、正規、非正規労働者ともに増加となっていますが、女性は非正規労働者の増加の方が多く、正規労働者が 23 万人の増加、非正規労働者が 62 万人の増加となっています。これは、非正規労働をあえて選択する者も相当数いると考えられます。理由をみると、「自分の都合のよい時間に働きたいから」とする者が最も多い割合になっています。つまり、個人の価値観や置かれている家庭環境のため、子育て期間中は働く時間に柔軟な非正規労働を選択する女性が少なからずいるということです。

第2節 労務管理上の問題点と対処法

1 契約期間満了による通知を受けたケース

第1節で述べたとおり、自ら選択して有期雇用労働者として働いている場合があるとはいえ、有期雇用労働者は、自分の都合に合わせて働くことができるという反面、以下にあるとおり、雇用上の不安やトラブルが生じやすい働き方でもあります。そこで、この節では、有期雇用労働者として働く場合、主にどのような問題が生じ、解決するためにどのような法的知識が必要なのかについて、述べたいと思います。

有期雇用労働者であるという性格から、有期雇用労働者の場合、会社との間で、トラブルになる問題としては、大きく次の2つがあります。

ひとつは、「まだ継続して働きたいのに、契約期間満了による退職の通知を受けた」というケースであり、もうひとつは、「正社員と同じような仕事なのに給料などの処遇が違う」というケースです。

この点、「正社員への転換制度」を設けている会社もあります。現在、有期労働契約でもいずれは正社員を望んでいる従業員もいると思います。事前もしくは入社時等に正社員の転換制度の有無などを確認できるとよいでしょう。厚生労働省も、有期雇用労働者（嘱託社員を除く）から正社員への転換を促進する助成金を設けて、「転換制度」の創設を促しています。このような助成金制度は、正社員への転換をしやすくするツールになります。一方で、正社員に転換されると、転居をともなう転勤があるのではないか、という不安を持つ有期雇用労働者や女性従業員もいるようです。そこで、正社員でも転勤のない勤務地が限定される「地域限定社員」などの雇用形態や、転勤が難しい期間に限り一時的に正社員から限定社員への転換制度を設けているという会社もあります。

つぎに、先にトラブルになりやすい2つの問題について対処する際に必要な法的知識を解説します。

●労働条件通知書などの明示について

法律では、使用者が労働者を採用するときは、賃金、労働時間その他の労働条件を明示し、さらに、労働条件のうち表の①〜⑥については書面で示さなければなりません。これは、アルバイト、パートにも必ず書面で示す必要があります。また、労働条件通知書は雇用契約書と兼ねていることも多く、雇用契約書の中に、図表1の①〜⑮の労働条件通知書に明示すべき項目が入っていればよいので、雇用契約書として手渡すこともあります。

図表1　労働条件通知書に明示すべき事項（労働基準法15条）

書面の交付による明示事項（必ず明示しなければならない事項）	口頭の明示でもよい事項（制度を設ける場合に明示しなければならない事項）
①　労働契約の期間 ②　期間の定めのある労働契約を更新する場合の基準 ③　就業の場所・従事する業務の内容 ④　始業・終業時刻、残業の有無、休日・休暇、交替制勤務をさせる場合は就業時転換（交替制勤務のローテーション等） ⑤　賃金の決定、計算・支払方法、賃金の締切り・支払の時期 ⑥　退職（解雇の事由を含む） ⑦　昇給	⑧　退職手当の定めが適用される労働者の範囲、退職手当の決定、計算・支払の方法、支払時期に関する事項 ⑨　臨時に支払われる賃金、賞与及び最低賃金額 ⑩　労働者に負担させる食費、作業用品など ⑪　安全・衛生 ⑫　職業訓練 ⑬　災害補償、業務外の傷病扶助 ⑭　表彰、制裁 ⑮　休職

一方、労働契約は契約書はなくても合意があれば成立するのですが、労使で契約書を交わしていないケースが多く見られます。しかし、契約書は作るべきです。また、労働者側は、入社後紛失してしまうケースもよく耳にしますが、きちんと保管しておくようにしたいものです。後で、トラブルになった時に、契約書はその後の問題解決につながる重要な役割を担っているからです。

この労働条件の明示は、書面で交付することが義務づけられていましたが、2019年4月から、①〜⑥については、労働者が希望し、出力して書面化できる場合には、FAX、Eメール、LINEやメッセンジャー等のSNSメッセージ機能などで明示することが可能になりました。

労働条件通知書（例）

【有期雇用契約者用】

令和２年○月○日 ○○　○○　　殿 事業場名称・所在地　株式会社　○○○○ 東京都○○区○○ 1—2—3 使用者職氏名　代表取締役　○○　○○	
契約期間	令和○年○月○日から令和○年○月○日まで○○か月間
就業の場所	東京本社（東京都○○区○○ 2—3—4）
従事すべき業務の内容	○○○○及びこれに付随する業務
始業、終業の時刻、休憩時間等	1　始業・終業の時刻：午前○時○分～午後○時○分 2　休憩時間：午前○時○分～午後○時○分（○分間） 所定時間外労働の有無（ 有 、 無 ）
休　日　等	毎週土曜日・日曜日、国民の祝日、その他（年末年始） 所定時間外労働の有無（ 有 、 無 ）
休　　暇	1　年次有給休暇 6か月継続勤務し出勤率が8割以上の場合10日　その後法定通り 2　その他の休暇　有給（慶弔休暇）
賃　　金	1　給　与　月額　○○○　　円 2　諸手当　通勤手当（1か月分の通勤定期代を支給、ただし上限金額○○円） 3　所定時間外、休日又は深夜労働に対して支払われる割増賃金率 イ　所定時間外　所定超（0）％ 法定超　月45時間迄（25）％、限度時間超（30）％、月60時間超（50）％ ロ　休日　法定休日（35）％、週40時間を超え法定外休日に勤務する場合（25）％、 ハ　深夜（25）％ 4　賃金締切日　毎月○日 5　賃金支払日　翌月○日（本人の指定する銀行口座に振り込むことにより支払う） 6　労使協定に基づく賃金支払時の控除（有、無） 7　昇降給（　有（毎年　月）、無　）

	8　賞　与（　有（毎年　月、　月）、(無)　） 9　退職金（　有　、(無)　）
契約の更新・終了に関する事項	1　契約更新の有無 イ．自動的に更新する　(ロ)　更新する場合がありえる ハ．更新しない 2　更新回数の上限　（(有)（　2回まで）、無） 3　契約更新の有無は、次により判断する。 ・契約期間満了時の業務量 ・従事している業務の進捗状況 ・能力、業務成績、勤務態度　・会社の経営状況 ・その他（　　　　） 4　契約更新の有無は、契約期間満了の１か月前までに通知する。 5　上記の更新の場合を除き、契約期間の満了をもって雇用は終了する。
退職に関する事項	1　定年制　（60歳） 2　継続雇用制度　（65歳まで） 3　自己都合退職の手続（退職する1ヶ月以上前までに文書により届け出ること） 4　解雇の事由及び手続（就業規則第○条～第○条に定める通り）
相談窓口	雇用管理の改善等に関する事項に係る相談窓口 担当者職氏名　　　　　　　　（連絡先　　　　　　　）
そ　の　他	・社会保険の適用（　(有)　、　無　）（健康保険、厚生年金） ・雇用保険の適用（　(有)　、　無　） 本契約書に定めることのほか、就業に関する事項は、当社就業規則による。

※　有期雇用労働者等を雇い入れた時は、速やかに労働基準法に基づく労働条件の明示事項の他に「昇給の有無」、「退職手当の有無」、「賞与の有無」、「相談窓口」を文書の交付など（従業員が希望した場合は電子メール、FAX可）により、本人に明示することが義務づけられています（パートタイム・有期雇用労働法６条）。

●契約期間と解約

労働契約は１回の契約で原則３年を超えることはできません（労働基準法14条）。しかし、①建設工事など一定の事業の完了に必要なものについては3年を超えた契約が可能です。また、②満60歳以上の労働者や③厚生労働省が定める高度な専門的な知識や技術等を必要とする、例えば、医師、薬剤師などの業務につく労働者との契約は1回の契約に5年の期間を定めることができます。

そして、契約期間満了までは労使双方に雇用の拘束を受け、勝手にその期間満了前に契約を解約することはできません。したがって、労働者が期間の途中で辞めることは、契約を中途解約することであり、それにはどうしても契約を続けられない真に「やむを得ない事情」があるときに認められます。ただし、契約期間の初日から1年経過後は、前述の①〜③の契約の場合を除いて、会社に申し出ることにより、労働者はいつでも退職することができます。また、会社が明示した労働条件が事実と相違している場合は、このような制限にかかわらず、労働者は即時に契約を解除することができます（労働基準法15条2項）。

一方、会社は、有期労働契約について、「やむを得ない事由」がある場合でなければ、その契約期間が満了するまで、労働者を解雇することができません（労働契約法17条1項）。

●雇止め

雇止めとは、会社が有期雇用労働者と締結している有期労働契約の更新を拒否した時、期間満了により雇用が終了することです。有期労働契約は、民法の原則のもとでは、期間の定めがある契約であるという契約の本旨にしたがって、契約期間の満了により契約関係は当然に終了するものです。しかし、この雇止めは、会社と労働者の間で紛争が起こりやすいのです。裁判では、原則どおり期間満了により契約関係が終了すると判断している事案ばかりではありません。たとえば、会社と労働者との間で、契約更新を何度か繰り返し、ある時突然、会社が「契約満了による退職です」と通告することがあります。労働者は、契約更新を繰り返すことで次も更新されるだろうという期待を持っているので、ここで契約終了になることを予想しておらず、退職をめぐって会社と争うことがあるのです。

このような場合に、実質的には期間の定めのない契約になっていると認めたものや、契約更新への労働者の期待が合理的なものであると認めたものなど、雇止めを有効なものとは認めず、有期雇用労働者の保護を図っている事案も少なくありません。

次に示すのは、厚生労働省「有期労働契約の反復更新に関する調査研究報告書」から引用した、有期労働契約の雇止めが有効か無効かの、これまでの裁判例の傾向からまとめた６つの判断要素です。

① 業務の客観的内容

（正社員との比較において仕事の種類、内容等。例えば、業務内容の同一性の有無、業務内容の恒常性・臨時性等）

② 契約上の労働者の地位

（例えば、嘱託、非常勤講師等など地位の基幹性・臨時性。労働条件についての正社員との同一性の有無等）

③ 当事者の主観的態様

（継続雇用を期待させる当事者の言動・認識の有無・程度等。例えば、採用時等の継続雇用を期待させる言動や更新見込み等についての説明など継続契約を期待させる客観的事実）

④ 更新の手続き・実態

（更新回数、勤続年数などの契約更新状況、契約更新手続きの有無、時期、方法、更新の可否の判断方法など契約更新時における手続きの厳格性の程度）

⑤ 他の労働者の更新状況

（同様の地位にある他の労働者の雇止めの有無等）

⑥ その他

（契約を締結した経緯や勤続年数、年齢などの上限の設定等）

そして、これらの要素をふまえると、図表２のとおり、これまでの有期労働契約の裁判例を４つのタイプに分けることができるでしょう。しかし、個々の契約について、６項目それぞれに関する状況を整理しても、当該契約が４タイプのいずれに該当するかを必ずしもすぐに、明確に判断できるものではありませんが、タイプごとに判断要素に関する状況や雇止めの可否について一定の傾

図表２　雇止めに関する裁判例の傾向

更新タイプ	雇止めの法的効力	代表的な裁判例
①　純粋有期契約タイプ 期間満了後も雇用関係が継続すると期待することに合理性が認められないもの。 更新手続きが厳格で契約上の地位が臨時的な事案が多い。また、同様の地位にある他の労働者も過去に雇止め例が多い（常用的業務に相当期間就いたとしても、契約上有期雇用の趣旨が明確であればこのタイプに含まれる）。	原則通り、契約期間満了によって、当然に契約関係が終了するものとして、雇止めは有効とされる。	反復更新、相当年数の勤続があっても当然終了を認めた裁判例（亜細亜大学事件：東京地裁昭60（ワ）5740号昭63・11・25判決）
②　実質無期契約タイプ 期間の定めのない契約と実質的に異ならない状態に至っている契約であると認められるもの。 例えば、期間満了時の更新手続きが極めてルーズである（更新手続きをしない、期間満了後に更新手続きをする等）、更新手続きが形式的な事案が多い、同様の地位にある労働者について、過去に雇止めの例がほとんどない事案が多い等。	ほとんど雇止めは有効とされない。	東芝柳町工場事件 （最高裁第一小法廷昭45（オ）1175号昭49・7・22判決）
③　期待保護（反復更新）タイプ 雇用継続への合理的な期待が認められる契約とされ、その理由として相当程度の反復更新の実態が挙げられているもの。 例えば、厳格な更新手続が行われているものの、契約更新回数が多い、雇用の通算期間、当該職種の位置付けなどから、雇用継続への合理的期待が認められるもの。	ほとんど雇止めは有効とされない。	日立メディコ事件 （最高裁第一小法廷昭56（オ）225号昭61・12・4判決）
④　期待保護（継続特約）タイプ…契約時に特約がある 雇用継続への合理的期待が、当初の契約締結時等から生じていると認められる契約であるもの。 契約締結の経緯等が特殊な事例が多い。	更新回数は概して少ないケースだが、当該契約に特殊事情等の存在を理由として、雇止めが認められないこととなる。	福岡大和倉庫事件 （福岡地裁昭62（ワ）3383号平2・12・12判決）

出所：「有期労働契約の反復更新に関する調査研究報告書」から作成

向を見ることができるでしょう。

図表2の④のケースは少しわかりにくいかもしれませんが、初回の契約時に大きな期待を持たせてしまう契約タイプのことです。例えば、労使双方に特段の支障がない限り雇用契約が更新されることを前提として労働契約が締結されており、労働条件もそれを前提に組合と協議されているという事実があったというようなケースです（福岡大和倉庫事件）。あるいは、1年の有期労働契約なのですが、最初の契約時に、これは5年のプロジェクトだと説明されていたようなケースです。

この点、このような雇止めに関するトラブルを未然に防ぐために、有期労働契約を締結する際には、以下のルールがあります。

・契約書等にて契約期間満了後の更新の有無等を明示し、もし雇止めをする場合は更新の基準も明記する。
・3回以上更新された契約や1年を超えて継続勤務している労働者の契約を更新しない場合は、契約期間満了の30日前までに雇止めを予告しなければならない。
・従業員が請求したら雇止めの理由を示す。

また、前に述べた図表2の②と③のタイプについて、過去の最高裁判例により、判例上のルール（雇止め法理）が確立されており、これが労働契約法19条に法制化されています。

参考【労働契約法19条】

有期労働契約であって次の各号のいずれかに該当するものの契約期間が満了する日までの間に労働者が当該有期労働契約の更新の申込みをした場合又は当該契約期間の満了後遅滞なく有期労働契約の締結の申込みをした場合であって、使用者が当該申込みを拒絶することが、客観的に合理的な理由を欠き、社会通念上相当であると認められないときは、使用者は、従前の有期労働契約の内容である労働条件と同一の労働条件で当該申込みを承諾したものとみなす。

一　当該有期労働契約が過去に反復して更新されたことがあるものであって、その契約期間の満了時に当該有期労働契約を更新しないことにより当該有期労働契約を終了させることが、期間の定めのない労働契約を締結している労働者に解雇の意思表示をすることにより当該期間の定めのない労働契約を終了させることと社会通念上同視できると認められること。

二　当該労働者において当該有期労働契約の契約期間の満了時に当該有期労働契約が更新されるものと期待することについて合理的な理由があるものであると認められること。

この労働契約法 19 条からすれば、雇止めが無効になる有期労働契約とは次のいずれかに該当するものとなります。

◇過去に反復更新された有期労働契約で、その雇止めが無期労働契約の解雇と社会通念上同視できると認められるもの（最高裁第一小法廷昭和 49 年 7 月 22 日判決（東芝柳町工場事件の要件を規定）

これは、例えばそもそも契約書を交わしていない、あるいは交わしていても期限を過ぎてから契約書の更新手続きをするなど有期労働契約が形骸化し、実質的には期間の定めのない契約と同じ状態になっていることをさします。この状態で、形式的な契約期間終了を理由に退職させることは認められません。

◇労働者が有期労働契約の契約期間の満了時に当該有期労働契約が更新されるものと期待することについて合理的な理由があると認められるもの（最高裁第一小法廷昭和 61 年 12 月 4 日判決（日立メディコ事件）の判例法理を規定したもの）

これは、形式的には更新手続きを毎回きちんと行っていますが、次も契約を更新してもらえるのではないかと期待してしまうような合理的な理由がある場合のことです。例えば、今までの従業員はほぼ更新されている、あるいは、更新基準を明確に評価せずに安易に契約更新している場合などです。また、最初の契約時には更新の期待はなくても、更新回数が増えるごとに徐々に期待が高まることもありますので、更新回数も考慮されます。

この場合、雇止めのトラブルが起きないように、逆に会社としては、厳格な更新基準を設けておいて、契約更新が近づいてきたら、その更新基準に則って更新の有無の評価をします。そして、更新するとなった場合には、事前に契約書をその都度交わし、また、必ず更新をするわけではないという会社の意向を伝えたうえで、更新基準に則って評価したことをよく説明して理解してもらい、契約更新をするなどの工夫が必要でしょう。

●無期転換ルール

前述のように、有期労働契約は、契約期間が満了したら雇止めにあうのではないかという不安や契約上のトラブルが多いことから、有期雇用労働者の生活を安定させることを目的に、2013年から無期転換ルール（労働契約法18条）が施行されました。

無期転換ルールとは、同一の使用者との間で、有期労働契約が通算で5年を超えて契約が更新された場合は、労働者の申込みにより、期間の定めのない労働契約（無期労働契約）に転換できるルールです。

ただし、雇用管理に関する計画を作成し、都道府県労働局長の認定を受けた事業主が雇用する特例の対象労働者（高度専門職(注)と継続雇用の高年齢者）については、無期転換ルールに関する特例が適用されます。つまり、高度専門職がプロジェクトに従事している一定の期間は無期転換申込権が発生しません。また、定年に達した後、引き続いて雇用される継続雇用の高齢年齢者については、その事業主に定年後引き続いて雇用される期間は、無期転換申込権が発生しません。

（注）高収入（年収1075万以上）で、かつ高度の専門的知識等を有し、その高度の専門的知識等を必要とし、5年を超える一定の期間内に完了する業務（特定有期業務。以下「プロジェクト」といいます。）に従事する（ただし、毎年度行われる業務など、恒常的に継続する業務は含まれません。）有期雇用労働者（高度専門職）については、そのプロジェクトに従事している期間は、無期転換申込権が発生しません。ただし、無期転換申込権が発生しない期間の上限は、10年です。

無期転換ルールが適用される要件は①〜③のとおりです。

①　有期労働契約の通算期間が5年を超えていること

図表3の上段の図では、1年の契約期間を更新し、5回目の更新後、通算で6年目から無期に転換する申込の権利が発生します。その権利の発生した1年間に会社に対し、正社員に転換する申込ができます。また、下段の図では、1回の契約期間が3年のため、更新後次の契約期間に入る4年目に無期に転換する申込の権利が発生します。そして、たとえこの期間に申込をしなくても、申込の権利は消滅せず、次の更新以降いつでも転換の申込を行うことができます。

しかし、図表3の上段の図のとおり、同一の使用者との間で有期労働契約を締結していない期間（無契約期間）が、一定以上にわたる場合、それ以前の契

図表3　無期転換の時期

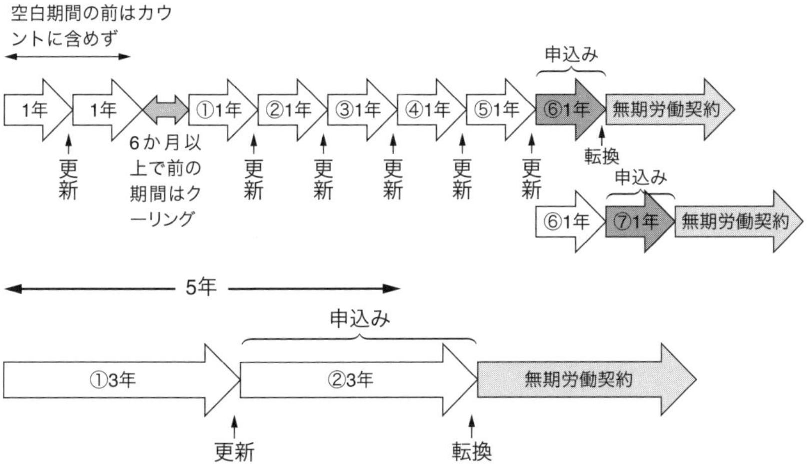

約期間が通算対象から除外されます。つまり、以前の期間はリセットされて、その後の契約は、新たな契約として契約期間を通算することになります。

以前の契約期間がリセットされるには、これまでの有期労働契約の通算期間に応じて無契約期間が定められています。例えば、図表6に示すとおり、無契約期間以前の通算契約期間が「1年以上」の場合には無契約期間は6か月以上必要です。また、無契約期間以前の通算契約期間が「1年未満」の場合には、その契約期間の半分（1月に満たない端数は切り上げ）以上必要です。例えば、無契約期間以前の通算契約期間が3か月の契約であれば、半分の1.5か月ではなく切り上げた2か月になります。

図表6　通算契約期間に応じた期間

有期労働契約の通算契約期間	契約がない期間
2か月以下	1か月以上
2か月超～4か月以下	2か月以上
4か月超～6か月以下	3か月以上
6か月超～8か月以下	4か月以上
8か月超～10か月以下	5か月以上
10か月超～	6か月以上

②　契約の更新回数が1回以上あること

契約更新が1回以上行われていることが無期転換申込権発生の要件となります。

③　現時点で同一の使用者との間で契約していること

通算5年を超えて契約をしてきた使用者との間で、現在、有期労働契約を締結していることが要件となります。

しかし、この無期転換のルールは、雇用契約の期間が有期から無期に変更になるだけであり、仕事内容や働き方などは、原則として従来のままとなります。つまり、これまで有期のパートだった人は、無期転換により無期のパートになります。もちろん、会社の人事制度の設計で、労働条件を転換時に変更する、あるいは、正社員への転換の機会を与える設計も可能です。例えば、契約更新で通算3年目の時点、あるいは5年目の無期転換時に正社員を希望する有期契約労働者のために、正社員への転換試験制度を導入することもできます。このように、会社として、今後どのように従業員を育成し、キャリアを描いてもらうか、会社の経営方針に立ち返り、このルールを考慮したうえで、人材の育成計画を立てていくことが求められるでしょう。

しかも、この無期転換ルールができたからといって、雇止めの問題が完全に解消したわけではありません。通算で5年に達する前に会社が有期雇用労働者に対し、雇止めをする場合も考えられます。

もちろん本当に一定の期間しか労働力が必要ない場合には、雇用契約が満了した時点で、会社としては労働者を雇止めにしたいはずです。

ただし、その場合は、先に述べたように、雇止めのルールに沿って、雇用関係の終了を行う必要があります。そのためには、契約書に必要事項を定めておくだけではなく、就業規則にも、人材活用の仕組みを明確にして、定めておく必要があります。繰り返しになりますが、例えば、契約更新の上限は3年もしくは5年と規定するのか、更新の際の評価基準等のルール、さらには、希望者は正社員に転換できる仕組みを設けるのか、あるいは一定の時期になったら原則は契約終了にするのか、人材活用の仕組みを明確にして、会社内でもより具体的な雇止めのルールを就業規則に定めておく必要性があるでしょう。

2　正社員と同じような仕事でも給料などの待遇が違うケース

●「パートタイム・有期雇用労働法」の施行

これまで、有期雇用労働者または短時間の無期雇用労働者（以下「有期雇用労働者等」という）は、多くの会社において、正社員との間で、基本給のほか、賞与、諸手当、教育訓練、福利厚生などそれぞれの待遇における格差が見られました。そして、このような実態を取り締まるための法律として、パートタイム労働法がありましたが、パート、アルバイトなど正社員よりも短い所定労働時間で働く非正規労働者を保護するための法律でした。したがって、この法律には、非正規労働者にもかかわらず、正社員と同じ所定労働時間である契約社員（有期雇用労働者）は保護の対象外であり、それらに対しては、労働契約法20条で正社員との不合理な労働条件の格差が生じないように保護していました。しかし、この労働契約法は、本来、民事上の労働契約のルールを定めた法律のため、行政上の取締りの強制力がなく、裁判で争うしか解決の方法がありませんでした。

そこで、有期雇用労働者等と無期雇用労働者（正社員）の格差是正の実現に向けて、パートタイム労働法は2020年4月1日から「短時間労働者及び有期雇用労働者の雇用管理の改善等に関する法律」（「以下「パートタイム・有期雇用労働法」という。但し、中小企業は2021年4月1日から施行）に変わり、労働契約法20条がこの法律に統合され、正社員と同じ所定労働時間である契約社員（有期雇用労働者）にも適用されることになりました。したがって、この法律の保護の対象労働者は、フルタイムあるいは短時間の契約社員、パート・アルバイト、短時間の無期雇用労働者、派遣労働者に及びます。

そして、この法律には行政上の取締りの強制力もあり、法律に違反している企業に対して、行政が、助言、指導、勧告等を行うことができます。また、有期雇用労働者等が訴訟に頼らずとも待遇の格差の改善を求められるように、行政ADR（裁判外紛争解決手続き）を利用して解決できるようになりました。行政ADRとは、都道府県労働局の調停委員等が当事者間に立ち、労働者と会社との間の紛争を裁判以外の方法で解決する手続きです。

さらに、有期雇用労働者等が自らの待遇をよく理解し納得できるように、また、不合理な待遇差があれば是正に繋げられるように、労働者が待遇の決定にあたっての考慮事項や、待遇相違の内容やその理由などに関する説明を求めてきた場合には、会社はそれに応じることが義務づけられました。なお、説明の際には、労働者が説明内容を理解することができるよう、資料（就業規則や賃金表等）を活用しながら口頭で説明することが基本となります。

この「パートタイム・有期雇用労働法」は、同一企業内における「通常の労働者」と有期雇用労働者等（派遣労働者含む）との間の不合理な待遇の差を無くし、どのような雇用形態を選択しても待遇に納得して働き続けられるようにすることで、多様で柔軟な働き方を「選択できる」ことを目的としています。そこで、パートタイム・有期雇用労働法8条には、不合理な待遇差の禁止、第9条には差別的な取扱いの禁止が規定されています。その考え方が、図表4に示してある、「均等待遇」と「均衡待遇」です。

図表4　パートタイム・有期雇用労働法の内容

「均衡待遇規定」の内容　①職務内容※、②職務内容・配置の変更範囲、③その他の事情を考慮して不合理な待遇差を禁止

第8条 ⇒ **均衡待遇とは、①、②、③の違いに応じた範囲内で待遇を決定**

「均等待遇規定」の内容　①職務内容※、②職務内容・配置の変更範囲が同じ場合は差別的取扱い禁止

第9条 ⇒ **均等待遇とは、①、②が同じ場合、待遇について同じ取扱い**

※職務内容とは、業務の内容＋責任の程度をいいます。

（出所：筆者作成）

均等待遇とは、有期契約労働者等が「通常の労働者」と①職務内容、②職務内容および配置の変更の範囲（人事異動、昇進昇格、転勤など、いわゆる「人材活用の仕組み」のこと）が同じであると見込まれた場合は、その有期契約労働者等に対し、基本給、賞与、各種手当、福利厚生、教育訓練、安全管理等全ての待遇について、「差別的取扱い」が禁止され、比較対象労働者と同じ取扱いが求められます（パートタイム・有期雇用労働法9条）。

この「通常の労働者」とは、あとで「比較対象労働者」の箇所（29ページ）で詳細を説明しますが、総合職、一般職などの「正規型」の労働者及び事業主と期間の定めのない労働契約を締結しているフルタイム労働者のことです。

したがって、この場合は、待遇の違いが不合理か否かを点検・検討する必要はありません。ただし、同じ取扱いのもとで、能力、経験等の違いにより両者に差がつくのは構いません。

一方、均衡待遇では、「通常の労働者」と待遇の相違がある場合、個別の待遇ごとにその性質、支給目的に照らして、①職務内容、②職務内容および配置の変更の範囲、③その他の事情の3つの考慮要素のうち、適切と認められる事情

を考慮して、不合理な待遇差が生じないように待遇を決めることを求めています（パートタイム・有期雇用労働法8条）。

ガイドライン「短時間・有期雇用労働者および派遣労働者に対する不合理な待遇の禁止等に関する指針（同一労働同一賃金ガイドライン）」（2020年4月1日施行、中小企業は2021年4月1日施行）では、待遇の相違が存在する場合に、どのような待遇の相違が不合理か否かを考える原則を示しています。

まず、不合理か否かを考える最初の手順としては、会社が各種手当、賞与など個別の待遇について、どのような性質・目的で支給しているのかを確認します。たとえば、通勤手当は、通勤に要する費用を補填する目的で支給するものです。そうすると、3つの要素である、職務の内容や配置の変更の範囲などの人材活用の仕組みなどに応じて決定することがなじまないものと考えられます。したがって、有期雇用労働者等に対して、同一の扱いが求められ、「通常の労働者」と均等に支給する必要があります。同様に、時間外手当についても、所定労働時間を超えた場合に支払うことが趣旨、目的のため、双方で同じ割増率にする必要があります。

このように、支給する待遇の性質、目的を考えると考慮要素を踏まえなくても「通常の労働者」と同一の扱いが求められる待遇があります。一方で、「通常の労働者」と有期契約労働者等の間で3つの要素が同一ならば同一の、相違があれば相違に応じた扱いが求められるものとして基本給、賞与、役職手当、教育訓練などが挙げられています。

ここまでをまとめると、「通常の労働者」（同一の事業主に雇用される）と有期雇用労働者等（派遣労働者含む）との待遇差を考える場合、原則として個別に確認します。例えば、給与を一括りで考えるのではなく、基本給、各種手当、賞与など待遇を個別に分けて、不合理な待遇差がないかということです。

そして、事業主が、均等待遇、均衡待遇のどちらを求められるかは、有期雇用労働者等と「通常の労働者」との間で、①職務の内容、②職務の内容・配置の変更の範囲が同じか否かにより決まります。①と②が同じ場合には、有期雇用労働者等であることを理由とした差別的取扱いが禁止され、両者の待遇が

「均等待遇」であることが求められます（パートタイム・有期雇用労働法9条）。それ以外の①あるいは②が異なる場合は両者の待遇が「均衡待遇」であることが求められ、有期雇用労働者等の待遇は、①と②の違いに加えて「③その他の事情」を考慮して、「通常の労働者」との間に不合理な待遇差のないようにすることが求められます（パートタイム・有期雇用労働法8条）。ただし、3つの要素を踏まえなくても同一の扱いが求められる待遇もあることに留意ください。

●均等・均衡を検討するための3つの要素

ここでは、有期雇用労働者等と無期雇用労働者（フルタイム）との待遇差に対し、均等・均衡を検討するために考慮する要素について少し詳細に説明します。

検討する際には、つぎの①～③を考慮して、個別の待遇ごとに判断されます。

① 職務の内容（業務の内容及び当該業務に伴う責任の程度）

② 職務の内容及び配置の変更の範囲

③ その他の事情

図表5は①～③の3つの要素についての考え方を説明した表になります。まず、①「職務の内容」の比較について、業務の種類（職種）と従事している業務のうち中核的業務が実質的に同じかどうかで判断します。例えば調理業務を行っていた場合、調理業務のみを行う有期雇用労働者等と、調理業務だけではなく、メニュー作成、人材育成まで行う無期雇用労働者（正社員）の業務とは中核的業務が異なると判断され、両者では職務の内容が異なると考えられます。また、②「当該職務の内容および配置の変更の範囲」の両者の比較ですが、将来の見込みも含め、転勤、昇進といった人事異動や本人の役割の変化等（配置の変更を伴わない職務の内容の変更を含む）の有無や範囲のことをいいます。例えば、同じスーパーのレジの業務を行っていたとしても、パートとして定型的なレジの業務を行っているのか、将来の幹部候補として、幅広い経験を積む

図表５　３つの要素

<table>
<tr><td rowspan="3">職務の内容</td><td colspan="2">「a. 業務の内容」と「b. 当該業務に伴う責任の程度」のことをいいます。</td></tr>
<tr><td>a. 業務の内容
（業務の種類（職種）と従事している業務のうち中核的業務が実質的に同じかどうかで判断）</td><td>業務とは職業上継続して行う仕事。
⇒業務の内容は業務の種類（職種）と中核的業務で判断。
※業務の種類（職種）とは、販売職、管理職、事務職、製造工、印刷工等といった従事する業務のことをいいます。
※中核的業務とは、職種を構成する業務のうち、その職種を代表する中核的なものを指し、職種に不可欠な業務を指します。</td></tr>
<tr><td>b. 当該業務に伴う責任の程度
（責任の程度が著しく異ならないかどうかで判断）</td><td>業務の遂行に伴い行使するものとして付与されている権限の範囲・程度等。
⇒例えば、
・単独で決済できる金額の範囲
・管理する部下の人数
・決済権限の範囲
・職場において求められる役割
・トラブル発生時や臨時・緊急時に求められる対応
・売上目標等の成果への期待度　等</td></tr>
<tr><td>職務の内容・配置の変更の範囲</td><td colspan="2">将来の見込みも含め、転勤、昇進といった人事異動や本人の役割の変化等（配置の変更を伴わない職務の内容の変更も含む。）の有無や範囲のことをいいます。</td></tr>
<tr><td>その他の事情</td><td colspan="2">「職務の内容」、「職務の内容・配置の変更の範囲」以外の事情で、個々の状況に合わせて、その都度検討します。成果、能力、経験、合理的な労使の慣行、労使交渉の経緯は「その他の事情」として想定されます。</td></tr>
</table>

（出所：厚生労働省）

ために人事異動の一環で配属され、その業務に就いているのとは異なると考えられます。そして、③のその他の事情について、個々の状況に合わせて、その都度検討しますが、成果、能力、経験、合理的な労使の慣行、労使交渉の経緯は「その他の事情」として想定されています。

●比較対象労働者

図表6は、有期雇用労働者等の待遇に対し、比較の対象になる「通常の労働者」について説明したものです。この「通常の労働者」とは、「正規型」の労働者及び事業主と期間の定めのない労働契約を締結しているフルタイム労働者です。総合職、限定正社員、一般職など複数の社員タイプがある場合は、すべての社員タイプの中の「正規型」の労働者及び無期雇用フルタイムの労働者が比較対象労働者となります。例えば、図表6に記載のとおり、社内に総合職、限定社員（地域等）、一般職、無期雇用フルタイム労働者（無期転換社員）がいる場合、有期雇用労働者等と①職務の内容又は②職務の内容・配置の変更の範囲が異なる総合職、限定社員、一般職は、均衡待遇の対象となります。また、①

図表6　比較対象者

不合理な待遇差の解消の考え方
(会社に複数の比較対象者(社員タイプ)がある場合)

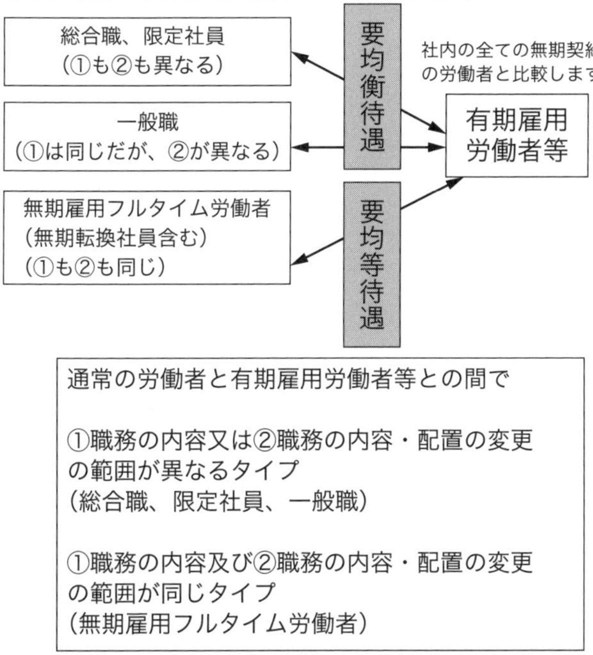

(出所：筆者作成)

職務の内容及び②職務の内容・配置の変更の範囲が同じ無期雇用フルタイム労働者（無期転換社員）は均等待遇の対象となります。

●さいごに

これまで、有期雇用労働者の紛争の多くは、雇止めの有効か無効かが争いの中心となっていました。しかし、契約更新で5年を超えると無期転換の権利が発生し、いつでも無期雇用に転換する権利を行使できるという強い保護と、雇止めを厳しく規制する法律も整えられ、今や会社側からすると簡単には雇止めができない労働環境にあります。このように、有期契約という雇用形態の不安定さに対する一定の法規制が整えられてきたところです。そして、2020年より、正社員などの通常の労働者との待遇の格差是正に一歩進んだ規制がスタートしました。

労働者からすれば、待遇に疑問を感じた場合には、会社に待遇決定にあたっての考慮事項、待遇相違の内容やその理由などに関する説明を求めてみることができるわけです。これは、労働者が納得するまでの説明を求められるものではありませんが、会社としては、今後、より労働者の不満を増長させないように、明確で公平な基準をもとに待遇を考えることを要請されることになると言えるでしょう。というのも、法律は、説明を求める労働者について不利益に扱うことを禁じているからです（パートタイム・有期雇用労働法14条3項)。そして、説明義務を果たさない場合は、待遇差の不合理性の判断の考慮要素となります。

すなわち、今後は、会社における非正規社員の問題について、正規社員との待遇の格差の正当性が争いの中心に移っていくと考えられます。

第2章
高年齢者のケース

第1節　高年齢者の経済状況

日本では人口減少社会を迎えており、働く意欲と能力のある高年齢者が、その能力を発揮し、希望すれば何歳になっても働くことができるような環境整備が課題となっています。これまでは、年金の支給開始年齢の引上げとともに65歳までの就業機会の確保に力点が置かれていました。しかし、今後は70歳までの就業機会を確保するための法改正も見込まれており、65 歳以上、更には 70歳以上の高年齢者が企業や地域で一層活躍することも視野に入れた重要な課題となっています。しかし、労働者としては働く意欲が十分あっても、一方で、その環境の整備が不十分である会社が多いのが現状です。

そこで、この章では、高年齢者が働く上での問題点とその問題を解決するための法的知識について述べたいと思います。

まず、高年齢者の生活資金について概要を把握しましょう。厚生労働省が公表した、65 歳以降に支給されるモデル世帯（平均的な給与収入の夫と専業主婦の妻）の 2020 年度の年金額（老齢厚生年金と老齢基礎年金の合計）は約月額22 万円となっています。また、高齢者世帯における公的年金・恩給の総所得に占める割合は、約半分の世帯が 100 ％の割合で年金を生活の拠り所にしており、全体の 7 割近くの世帯は年金を主な収入源として生活しています。

そして、65 歳以上の高齢者世帯（65 歳以上の者のみで構成するか、又はこれに 18 歳未満の未婚の者が加わった世帯のこと）の平均所得金額は 308.1 万円（月額約 25.5 万）で、概ねその他の世帯（全世帯から高齢者世帯と母子世帯を除いた世帯）（644.7 万円）の 5 割弱になります。また、一番多く分布している高齢者世帯の所得は 244 万（月額約 20 万）となります。

一方、総務省家計調査によると世帯の平均消費者支出額は、60〜69 歳の世帯では月額 27 万 9,718 円、70 歳以降の世帯では月額 21 万 2,508 円です。

もちろん、これ以外にも、世帯によっては、個人資産などもこれに加味されますので、実際には、十分な生活資金がある世帯があります。しかし、限られた収入源しかない世帯にとっては、老後は健康リスクも生じることから、不安のない生活を実現するために、働けるうちはできるだけ働きたいと思うでしょう。

第2節 高年齢者の就業状況

では、つぎに高年齢者の就業状況についてですが、労働力調査（2017）によると、男性の場合、就業者の割合は、60〜64歳で79.1％、65〜69歳で54.8％となっています。また、女性の就業者の割合は、60〜64歳で53.6％、65〜69歳で34.4％となっており、60歳を過ぎても、多くの人が就業しています。

また、60代前半層（60歳以上64歳以下）の雇用形態について、JILPT「（高年齢者の雇用に関する調査（企業調査））」（2016）の調査結果では、「嘱託・契約社員」を挙げた企業は6割を超えています。そして、他の業種と比較し、運輸業や建設業など正社員の割合の高い業種がありますが、傾向として、従業員規模が大きくなるほど、「正社員」の率は低下し、「嘱託・契約社員」、「パート・アルバイト」の率が上昇します。

また、定年前後の仕事についても、「定年前（60歳頃）とまったく同じ仕事」（39.5％）、「定年前（60歳頃）と同じ仕事であるが、責任の重さが変わる」（40.5％）が高い割合となっています。業種では、建設業、運輸業、医療・福祉では定年前と全く同じ仕事である割合が高くなっています。

次に、60歳直前の賃金とその後の賃金の変化についてみていきたいと思います。図表1はフルタイム勤務（平均的給与水準）の継続雇用者の61歳時点の賃金水準を、60歳直前の水準と比較したものです。60歳直前の水準を100とした場合に「60〜70未満」（18.3％）、「70〜80未満」（16.4％）、「80〜90未満」（11.4％）に集中しています。

これまでのデータをまとめると、会社規模が大きくなるほど、定年前（60歳

図表1　60歳直前の賃金を100とした場合の61歳時点の賃金水準の分布：平均的水準（業種別・従業員規模別、単位：%）

	n	30未満	30～40未満	40～50未満	50～60未満	60～70未満	70～80未満	80～90未満	90～100未満	100	100超以上	無回答	平均値
合計	6187	0.2	0.8	2.1	6.6	18.3	16.4	11.4	5.6	10.8	0.3	27.5	73.5
【業種】													
建設業	460	0.2	0.9	2.4	2.6	17.6	16.7	19.1	8.9	10.0	0.4	21.1	75.5
一般機械器具製造業	251	0.4	0.4	0.4	10.0	21.1	23.9	18.3	4.0	6.8	0.8	13.9	72.6
輸送用機械器具製造業	184	—	1.1	1.1	12.0	27.7	19.6	4.9	3.8	7.1	—	22.8	68.1
精密機械器具製造業	114	—	0.9	4.4	6.1	25.4	18.4	10.5	3.5	7.0	—	23.7	68.8
電気機械器具製造業	186	0.5	0.5	3.2	6.5	21.0	22.0	14.0	2.7	4.3	—	25.3	69.0
上記以外の製造業	1022	—	0.7	3.2	7.9	24.5	18.3	11.3	5.6	7.6	0.3	20.6	70.4
電気･ガス･熱供給･水道業	28	—	7.1	10.7	3.6	21.4	7.1	3.6	—	17.9	—	28.6	66.7
情報通信業	187	—	2.7	2.1	4.8	9.6	5.9	4.3	2.1	7.5	0.5	60.4	70.5
運輸業	613	—	0.2	0.8	3.6	15.2	17.5	10.9	11.3	18.4	0.3	21.9	80.0
卸売・小売業	1141	0.1	1.0	2.4	8.8	22.7	18.5	9.1	3.9	7.1	0.4	26.0	69.9
金融・保険業	64	1.6	4.7	6.3	10.9	29.7	6.3	3.1	4.7	3.1	—	29.7	61.1
不動産業	50	2.0	—	2.0	4.0	18.0	12.0	12.0	—	18.0	—	32.0	74.5
飲食業・宿泊業	237	—	—	1.7	5.9	12.2	13.5	13.9	8.0	16.0	0.4	28.3	78.4
医療・福祉	195	—	—	1.0	4.1	8.7	11.8	16.9	5.6	21.0	—	30.8	81.1
教育・学習支援業	85	1.2	2.4	2.4	10.6	11.8	5.9	3.5	1.2	14.1	2.4	44.7	70.9
サービス業	1000	0.3	0.7	1.3	5.1	12.4	13.3	11.8	5.4	16.3	0.1	33.3	77.4
その他	181	0.6	1.7	3.3	7.2	15.5	15.5	12.2	3.3	6.1	1.1	33.7	75.7
【従業員数】													
100人未満	2856	0.1	0.4	1.3	4.8	16.4	16.0	11.1	6.2	12.7	0.4	30.6	75.9
100～300人未満	2205	0.2	0.8	2.1	7.3	19.7	16.9	13.1	5.8	9.7	0.3	24.1	72.8
300～1000人未満	695	0.4	2.0	3.5	9.8	23.7	18.0	9.2	3.0	8.6	0.6	21.2	69.4
1000人以上	222	0.5	2.3	9.9	13.1	20.3	14.4	7.7	3.2	7.2	—	21.6	64.8

（出所：JILPT「（高年齢者の雇用に関する調査（企業調査））」（2016））

頃）と同じ仕事であるが責任の重さが変わり、賃金の減少幅が大きい傾向にありますが、会社規模が小さくなるにつれ、定年前（60歳頃）と同じ仕事と責任で、大企業ほどの賃金の減少幅が少ない傾向にあります。また、業種によっても違う傾向があり、運送業など定年前後で賃金の減少幅が小さい業種や逆に金融・保険業など減少幅の大きい業種もあり、業種によっても傾向が違います。

中小企業は、退職金制度が十分ではない、あるいは無い会社が多く、また、長期雇用を前提とした賃金制度を設計していない会社も少なくありません。これまで、大企業は長期雇用を前提として、入社当初から40歳ぐらいまで逆弧を描くように上昇し、そこから少し賃金を抑えて50〜55歳ぐらいから役職定年などで下がるという賃金カーブを描きました。そして、退職金を支給した後の定年後、継続雇用を選択した社員には、大きく給与を下げるという賃金制度設計をしてきました。しかし、高年齢雇用確保措置を講ずることになってからは、65歳まで雇用することを前提にした制度設計に変更する会社も出てきています。一方、中小企業の多くは、従業員の転職を前提にしていますので、同業他社や外部労働市場での賃金価格を参考に処遇を決めており、そもそも賃金制度も明確ではない会社も多いのが現状です。したがって、中小企業に勤務する従業員にとっては、極端に退職後の賃金を下げられると十分な貯蓄がなければ、老後の生活に影響を及ぼしかねないことが推測されます。また、定年前後で同じ仕事なのに、給与が下がるというのは社会慣行の説明だけでは納得するのが難しいことも多く、本人の仕事のモチベーションにも影響が出てくることは言うまでもありません。

次に65歳以降の高年齢者の雇用状況ですが、「65歳以降は希望したら基準に該当した者は働くことができる」が最も多い割合となっています。そして、65歳以降の高年齢者を雇用している理由については、「意欲と能力があれば特に労働者の年齢は関係がないため」と「高年齢者の身につけた能力・知識などを活用したいため」の2つが65歳以降の高年齢者を雇用する大きな理由となっています。

ここまでのデータをみると、65歳以降の主な収入源は年金である世帯が多く、ゆとりある生活や病気にかかるなどいろいろな不測の事態に備えるためにも70歳ぐらいまではできるだけ働きたいと思う人が少なからずいることが推測されます。

しかし、企業としては、約8割が定年前後で仕事の内容そのものは変わりませんが、賃金が7割ぐらいまで下がる傾向です。そして、65歳以降は会社が定める基準に該当した場合に勤務することができますが、規模が大きくなるほど

65歳で退職となる傾向です。今後は、70歳までの雇用確保の取組が予定されていますので、それを考慮した人事制度、賃金制度設計が会社に求められることになります。

第3節　高年齢者が働く上での問題点

60歳以降の定年後に職場を変えて勤務する人、そのまま同じ会社に嘱託社員として勤務する人、働き方はさまざまですが、この節では、高年齢者が働く場合に生じる問題とその解決するための法律知識や知っておいた方が良い社会保障制度について述べたいと思います。

高年齢者が直面する問題や法律知識が必要になる典型的な場面としては次の3つが考えられます。これらについて、対処するための法律知識等を述べたいと思います。

①　定年前後の給与の格差に合理性があるか

②　定年後の労働契約や社会保険などの適用・給付について

③　年金受給について

1　定年前後の給与の格差に合理性はあるか

会社にて定年前後で同じ仕事をしているのに、定年後、嘱託社員（有期雇用労働者）に変わったら給与が減少することはこれまでめずらしいことではありませんでした。しかし、旧労働契約法20条の施行後からは、定年前後の給与の格差についての裁判も含めて、正社員と有期雇用労働者との給与等の待遇の格差をめぐって裁判が多くなっています。

これは、第1章の「2「正社員と同じような仕事でも給料などの待遇が違うケース」」の箇所で述べた有期雇用労働者等と正社員などの「通常の労働者」との不合理な待遇格差の問題と同じ論点になります。この問題について、有期雇用労働者の1つの雇用形態である嘱託社員と正社員との待遇格差をめぐって、2018年6月1日判決の「長澤運輸事件」という重要な最高裁判例があります。

長澤運輸事件とは、定年後再雇用されたトラック運転手を務める有期労働契約の嘱託社員（有期雇用労働者）が、「定年時と同じ業務（正社員と同等）をしているのに、嘱託社員（有期雇用労働者）になったことで正社員と給料が違うのは納得できない」と会社を訴えた事案です。

最高裁判決では、精勤手当（全営業日に出勤した場合に支給される手当）及び精勤手当に連動する超勤手当（残業代）について、嘱託社員と正社員との格差は不合理と判断され、基本給やその他の手当については、その格差は不合理ではないと判断されました。

この事案で、①職務内容、②職務内容および配置の変更の範囲、③その他の事情の3つの考慮要素について、①②は嘱託社員と正社員は同一でしたが、定年後再雇用について、労働条件に違いを設けることを③の「その他事情」の1つになるとしました。つまり、定年後は、老齢厚生年金（報酬比例部分）が支給されること等もあり、この判決では、定年前と全く同じ労働条件にしなければ待遇差を設けることが不合理であるとまでは言えないということを示しています。しかし、定年前後で違った労働条件を設けたとしても、均衡のとれた待遇が求められることには変わりはありません。

そして、まだ、パートタイム・有期雇用労働法の施行前の判決ですが、この法律の先取りのような判決となっており、第1章で示したように、待遇差の不合理性を考える場合、給与を総額で判断するのではなく、賃金（職務給・能率給）、手当（精勤手当、家族手当、住宅手当等）などの各項目の性質や支給する目的を個別に考慮して判断しています。待遇の性質や目的を考えるにあたっても、例えば、基本給に格差を設けることについて、正社員は将来を担う人材だからという、抽象的・主観的な理由で異なる扱いをすることは認められません。基本給は職務給として設計するのか、能力給、あるいは勤続給なのか、その性質を明らかにし、明確な基準のもとで評価し、格差をつけるということが求められます。それ以外にも賞与などそれぞれの待遇ごとに、どのような性質・目的なのかに照らして、3要素について適切な事情、判断要素を考慮し、個別に不合理性を判断しています。

したがって、精勤手当など職務内容に応じて決定することがなじまないような、そして、支給する性質や支給する目的が定年後再雇用者という位置づけと関連性のない手当については、同じように支払うように示しています。

嘱託社員についての参考となる裁判例は限られていますが、定年後の給与が定年前と比較して下がることについては社会慣行にもなっていることから、業務内容や責任などがある程度同じであってもただちに不合理であると判断されないかもしれません。しかし、給与の下がる割合についてどこまでだったら不合理とされるのか明確ではないので、パートタイム・有期雇用労働法の施行後はやはり慎重に対応する必要があります。少なくても、業務内容や責任の程度が同じなのに、給与を下げるというのは一定のリスクがありますので、その点にも留意した対応が必要です。

2　定年後の労働契約

序章の嘱託社員のところで少し触れましたが、定年後は従業員を65歳まで継続的に雇用する制度（高年齢者雇用確保措置）を設けることが義務づけられています。この制度とは、「65歳までの定年の引上げ」「65歳までの継続雇用制度の導入」「定年の廃止」の措置のことをいい、いずれかを選択して会社に導入する必要があります。

「継続雇用制度」とは、雇用している高年齢者を、本人が希望すれば定年後も引き続いて雇用する、「再雇用制度」などをいいます（自社のみならずグループ会社で雇用されることも認められています）。ただし例外的に、2013年の高年齢者雇用安定法改正以前から雇用継続の対象者を限定する労使協定を交わし、社内規定を設けていた場合に限り、老齢厚生年金の報酬比例部分の受給開始年齢（生年月日により61歳～64歳）に達するまでは雇用継続をしなければいけませんが、その後は労使協定に定める基準に達しない従業員に対して、会社は雇用継続を拒むことができます（時限措置）。

制度の選択状況ですが、厚生労働省の統計結果（2019）によると、3つの選択肢のうち、継続雇用制度を導入している割合が約8割と高くなっています。そうすると、定年後は、健康状態を考慮しながら会社と労働条件を決めて半年あるいは1年契約で65歳まで契約更新することになります。また、法律では65歳までの雇用を義務づけしているものですが、業種によっては、中小企業は人材難のため特に技術や専門的知識を持った社員は、業務の遂行に支障を来さなければ65歳以降も働いて欲しいと考えている事業主もあります。しかし、厚生労働省「高年齢者の雇用状況」（2019）によれば、66歳以上で働ける制度のある企業割合は、300人未満の企業では31.4％、300人以上の企業では、25.3％となっており、今後、法改正によって、動向が変わるかもしれませんが、慎重に判断する会社が多いことが予測できます。

また、もう一つの特徴として、契約を更新し、5年を超えても、無期転換申込権が発生しない場合があります。

第1章の無期転換のルール（労働契約法18条）の箇所でもふれましたが、計画書を作成し、都道府県労働局長の認定を受けた事業主の下で、定年に達した後、引き続いて雇用される有期雇用労働者（継続雇用の高齢者）については、その事業主に定年後引き続いて雇用される期間は、無期転換申込権が発生しません。つまり、無期転換ルール（労働契約法18条）の特例として、会社が適切な手続きを行っていれば定年後再雇用し、更新を繰り返して通算5年を超えても無期に転換しないということです。しかし、無期労働契約で勤務していた会社で定年後に再雇用されるのではなく、60歳未満から有期労働契約を繰り返し更新している継続雇用制度の対象外となる従業員や会社の定年年齢を過ぎてから有期契約で初めて雇用される有期契約労働者については、無期転換ルールの

図表2　無期ルールの特例

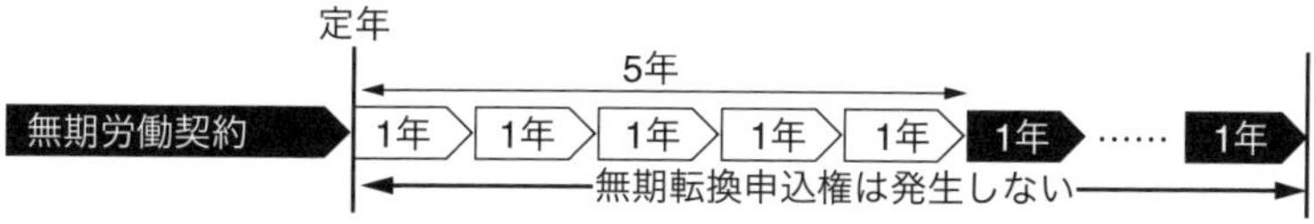

適用になります。

3　社会保険と年金

社会保険の適用・給付、年金の受給については、この後の第 4 節・第 5 節で詳しく説明していきます。

第4節 社会保険の適用・給付等

ここでは、現役時代とは違う点がありますので、高年齢者の社会保険や給付について述べます。

1　雇用保険の加入・給付

●雇用保険の加入について

2017 年 1 月 1 日より 65 歳以上の労働者も（1 週間の所定労働時間が 20 時間以上であり、31 日以上の雇用見込みがある者）60 歳未満の労働者と同じように雇用保険の加入の適用対象となりました。

●失業給付（基本手当）について

失業給付は、会社を定年、自己都合、契約期間の満了等により離職し、失業中の生活に憂慮することなく、新しい仕事を探して再就職できるように支給されるものです。

65 歳未満の退職者が失業給付（基本手当）を受給するためには、離職の日以前 2 年間に 12 か月以上の被保険者期間（1 月の給与支払期間のうち 11 日以上給与が支払われている月を 1 か月と計算）が必要です。また、会社都合による退職、例えば、倒産、解雇、賃金未払い、職場のハラスメント、期間の定めのある労働契約の更新により通算 3 年以上雇用されていたが雇止めされた等により離職したもの（図表 3 ①の特定受給資格者という）、介護、妊娠・出産等、契約更新がなかった、配転等による通勤困難等により離職したもの（図表3②の特定理由離職者という）は、離職の日以前1年間に6か月以上の被保険者期間が必要です。

ただし、前職（仮にA社）の退職後に失業給付（基本手当）の受給をせずに転職し、かつ、前職の退職日から転職先（仮にB社）にて雇用保険に加入するまでの期間が1年未満の場合は、A社の加入期間が通算されます。ですが、B社で、A社のときに使用していた雇用保険番号を使わずに、新規で新しい番号を取って、資格取得の手続きをしてしまうと、A社の加入期間が通算されなくなる恐れがあります。これは、よく目にしますので、注意が必要です。

したがって、もし、A社の退職時点で加入期間が失業給付の受給要件期間に足りなかった場合でも、B社を退職する際、A社の加入期間を通算することで、受給要件を満たす場合があります。その際、もし、B社を退職し、B社での加入期間が12か月未満あるいは6か月未満（解雇等の場合）の場合は手続きにA社の離職票も必要になります。

ただこの場合、たとえ、前職（A社）の加入期間が通算されたとしても、失業給付の金額を計算する元となる金額は、直近に退職した会社（B社）で支払われた給与額（退職日の直前の6か月分で、各11日以上給与が支払われている月）になります。

この特定受給資格者及び特定理由離職者、定年の場合は、待機期間（ハローワークに離職票を提出し、求職の申込後7日間）の終了後（離職票を提出した日から約1か月後に振り込まれる）から失業給付（基本手当）を受給できますが、自己都合退職者や懲戒解雇された場合は、待機期間終了後、さらに3か月間（離職票を提出した日から約4か月後に振り込まれる）は給付を受け取ることができません。

そして、失業給付（基本手当）については、離職日の翌日から1年間（所定給付日数330日の場合は1年と30日、360日は1年と60日）に給付日数分を受給することが必要です。しかし、もし妊娠、出産、育児（3歳未満）、介護、病気、けが等の理由で引き続き30日以上職業に就くことができない場合は、その期間の失業給付（基本手当）は受給できません。そのため、居住地のハローワークに申請することにより、受給期間に、職業に就けない期間を加えることができ、受給期間を最長、離職日の翌日から4年以内まで延長することができます（詳細は153〜155ページ参照）。

65歳以上の退職者の場合は、離職の日以前1年間に6か月以上の被保険者期間（1月の給与支払期間のうち11日以上給与が支払われている月を1か月と計算）が必要です。

一方、65歳以上で退職した場合は、退職日の翌日から1年以内に、被保険者期間が1年未満は30日分、1年以上は50日分を一時金で受け取ることができ

図表3　65歳未満の退職者の基本手当について

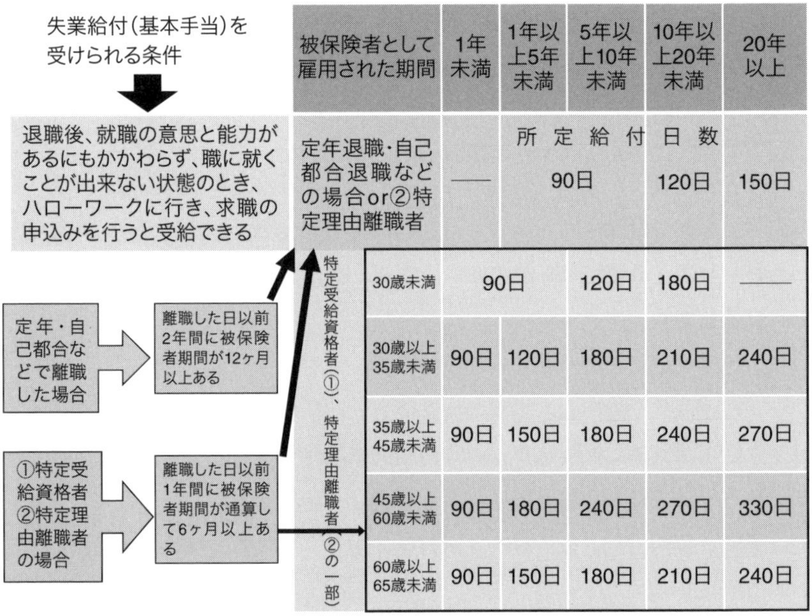

図表4　65歳以上の退職者の基本手当

被保険者として雇用された期間	1年未満	1年以上
所定給付日数	30日分	50日分

ます。

●失業給付と年金の調整

65歳になるまでの特別支給の老齢厚生年金や退職共済年金は、ハローワークにて求職の申込をした場合、失業給付の受給の有無にかかわらず、一定の間、加給年金（56ページ参照）も含めて年金の全額が支給停止されます。

支給停止される期間は、求職の申込をした月の翌月から失業給付の受給期間が経過した月または、所定給付日数を受け終わった月までです。

また、失業給付を受けた日が1日でもある月は、年金の全額が支給停止されます。このため、失業給付を受けた日数の合計が同じでも、月をまたいで失業給付を受けたかどうかで、年金が支給停止される月数が異なる場合があります。その場合は、あとで調整が行われ、さかのぼって年金が支払われます。

＊受給期間が経過した月とは、受給期間満了日の翌日が属する月です。

＊所定給付日数を受け終わった月とは、最後の失業認定日が属する月です。

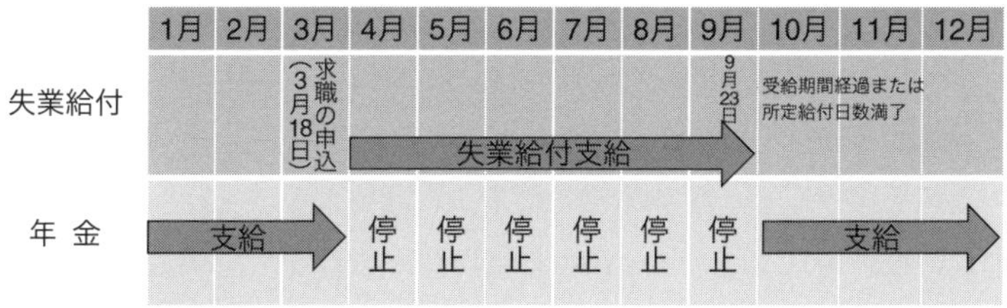

●高年齢雇用継続給付と年金額の調整

前述では、社会慣行として、高年齢者は定年後の再雇用などで定年前の給与より下がる傾向があると述べました。そのため、現在は法律で雇用が義務づけされている65歳まで、法律の基準に該当した場合、この下回った給与を補完するために雇用保険制度から給付されるしくみがあります。それが高年齢雇用継続給付で、〈高年齢雇用継続基本給付金〉と〈高年齢再就職給付金〉の2種類があります。

高年齢雇用継続基本給付金とは、原則として60歳以降の賃金が60歳時点に比べて、75％未満に低下した状態で働き続ける場合に支給されます。60歳到達時の賃金月額とは、原則として、60 歳に到達する前 6 か月間の給与の総支給額（額面金額のこと。賞与は除く）を 180 で除して算出した日額の 30 日分の額です。60 歳到達時の賃金月額は、上限額、下限額があります。この高年齢雇用継続基本給付金を受給するためには、最初の支給申請書提出時（最初の支給申請前に該当手続を行うことも可能）又は 60 歳以上 65 歳未満の人が再就職して被保険者となった時にこの賃金月額をハローワークに登録しておく必要があります。

【低下率の計算式】

$$「低下率」(\%)=\frac{支給対象月に支払われた賃金額}{60\,歳到達時の賃金月額}\times 100$$

＊支給対象月とは、暦月のことで、その月の初日から末日まで継続して被保険者であった月のことをさします。

支給対象月に支払われた賃金額とは、会社との間で交わした契約書等に記載している給与額（手当や通勤交通費も含む）をさし、この金額にその月に支払われた残業代を加算した金額になります。この給与の月額とハローワークに登録した金額を比較して、75％未満に低下すれば給付金が支給されます。

この比較は、毎月（月ごとの給与計算期間）行われ、2 か月に 1 回支給申請をします。また、転職しても、失業給付（基本手当）を受給しなければ、60 歳到達時の賃金月額と転職先で支払われた賃金額を比較して 75％未満に低下すると、65 歳未満まで支給申請できます。ただし、退職した会社での離職日（＝資格喪失届の離職年月日）と転職先での就職日（＝資格取得届の被保険者となった年月日）の空白期間が 1 年を超える場合は、受給できなくなります。また、例えば、その月に欠勤日があり、月給が通常より下がったとしても、給付率は変わらず（給付率は契約時の賃金と比較するため）、減額された賃金額に給付率を掛けた金額が支給されます。

支給額は賃金額の 15％相当を上限に給付されます。しかし、同時に年金を受給している場合は、在職中の年金額の調整（在職老齢年金）に加えてさらに標準報酬月額（被保険者が事業主から受ける毎月の給料などの報酬の月額を区切りのよい幅で区分したもの）の6％を限度に年金額が支給停止されることに留意する必要があります。

ここでもう1つポイントがあります。退職後に失業給付（基本手当）を受給後、再就職した場合は、高年齢雇用継続基本給付金を受給できません。しかし、基本手当の残日数等があるなど、次の基準を満たせば、基本手当を受給しても、高年齢再就職給付金の申請が可能な場合があります。

【高年齢再就職給付金の受給要件】

- 60歳以上65歳未満の雇用保険の一般被保険者であること
- 基本手当についての算定基礎期間が5年以上あること
  ＊算定基礎期間とは雇用保険に加入していた期間をいう。
- 再就職した日の前日における基本手当の支給残日数が100日以上あること
- 転職先でも雇用保険に加入すること
- 再就職後の各月に支払われる賃金が基本手当の基準となった賃金日額の30倍した額の75％未満になること
- 1年を超えて引き続き雇用されることが確実であること
- 同一の就職について、再就職手当の支給を受けていないこと

【高年齢雇用継続基本給付金の受給要件】

- 60歳以上65歳未満の雇用保険の一般被保険者であること
- 60歳時点で雇用保険に加入していた期間が5年以上あること
- 60歳時点の賃金（上限479,100円、下限77,220円）（2020年3月現在時点）（60歳になる過去6か月の平均賃金）に比べて60歳以降の賃金が75％未満
- 雇用保険の失業給付の基本手当を受けていないこと
- 支給限度額は365,114円（2020年3月現在時点）未満

＊なお、受給要件にある雇用保険の加入期間ですが、離職日から 1 年以内に基本手当を受給せず、再就職して雇用保険の被保険者になった場合にはそれ以前の加入期間も 5 年に通算できます。

図表 4　高年齢雇用継続基本給付金の支給率と年金の低下率

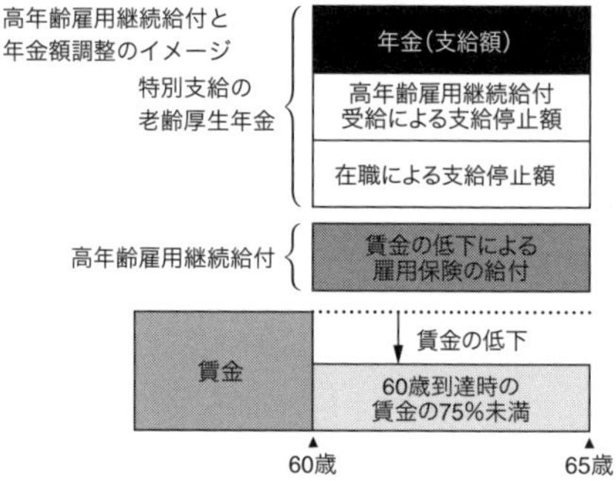

低下率	支給率	低下率	支給率
75.00 %以上	0.00 %	68.00 %	6.73 %
74.50 %	0.44 %	67.50 %	7.26 %
74.00 %	0.88 %	67.00 %	7.80 %
73.50 %	1.33 %	66.50 %	8.35 %
73.00 %	1.79 %	66.00 %	8.91 %
72.50 %	2.25 %	65.50 %	9.48 %
72.00 %	2.72 %	65.00 %	10.05 %
71.50 %	3.20 %	64.50 %	10.64 %
71.00 %	3.68 %	64.00 %	11.23 %
70.50 %	4.17 %	63.50 %	11.84 %
70.00 %	4.67 %	63.00 %	12.45 %
69.50 %	5.17 %	62.50 %	13.07 %
69.00 %	5.68 %	62.00 %	13.70 %
68.50 %	6.20 %	61.50 %	14.35 %
		61.00 %以下	15.00 %

また、この 2 つの高年齢雇用継続給付は併給できないので選択時に注意が必要です。つまり、定年退職後、失業給付（基本手当）を受給しないで、そのまま同じ会社に再就職し、高年齢雇用継続基本給付金を受給します。その後転職する時に、失業給付（基本手当）を途中まで受給し、残りを高年齢再就職給付金をもらって再就職してしまうと、転職先では高年齢雇用継続基本給付金を支給できないということです。

2　社会保険の加入等について

国民年金について、60 歳まで加入義務がありますが、受給権がない場合は 70 歳まで（ただし、受給権を取得するまで）加入することができます。また、60 歳で受給権が発生しても額を増やしたい場合は 65 歳まで加入することができます。

一方、厚生年金について、会社等に勤務している人は 70 歳まで加入義務がありますが、それ以降は在籍していても、加入する必要はありません。ただし、受給権がない場合は勤務している限り受給権が発生するまで加入することができます。

原則として、加入期間と免除期間等を合わせて10年以上あれば老齢年金の受給権が発生します。

健康保険の被保険者や被扶養者は、75歳になる誕生日の前日まで加入できます。75歳以降は、国民健康保険に加入します。

介護保険は、40歳に達したとき（40歳の誕生日の前日）に加入し、65歳未満（第2号被保険者）までは、加入している健康保険組合等の保険料と合わせて徴収されます。一方、自営業者のように国民健康保険の加入の場合、介護保険料は国民健康保険料と一緒に徴収されます。

65歳以上（第1号被保険者）になると介護保険料の徴収の方法が変わります。特別徴収と普通徴収の2種類がありますが、まず特別徴収の対象者は、原則として年額18万円以上の年金を受給している人です。特別徴収では、2か月ごとに年金から介護保険料が徴収されます。一方、普通徴収の対象者は、年金の受給年額18万円未満です。普通徴収では、口座振替もしくは銀行やコンビニで納付書により介護保険料を支払います。

第5節 年金制度と給付の概要

高年齢者が生活するための主な収入源になっている年金ですが、ここでは、年金制度についての基礎知識を説明します。キャリアに関する相談においてはこうした年金の知識もあった方がよいのは言うまでもありません。どのような時にどのような年金をもらえるのか、きちんと把握することでもらい忘れを防げます。また、あらかじめ受給要件を知っておくことで、キャリアの見通しをもち、確実な受給につなげることができるからです。

年金制度は、複雑になっていてわかりにくい印象を与えるのですが、原則を踏まえれば理解しやすくなります。日本国憲法で、勤労は国民の義務（憲法27条1条）とされていますが、高齢者や障がい者になると十分に勤労できない人もいます。これを保護するための制度が年金なのです。ですから、後に説明するように、所定の老齢に至ったとき（老齢年金）、あるいは障害を負ったとき（障害年金）、働き手を失ったとき（遺族年金）に、年金が支給される仕組みになっています。年金はこの 3 つに分けて考えると整理しやすいです。以下、このことを踏まえて説明していきます。

1　年金制度のしくみ

年金は、賦課方式をとっており、これは、年金支給のために必要な財源を、現役世代からその時々の保険料を徴収し、用意する方式です。徴収した保険料から①【老齢】、②【障害】、③【死亡】に関して年金や一時金として支給されます。

年金制度はここ数年で大きく変わりました。2015 年 10 月 1 日に「被用者年金一元化法」が施行され、これまで厚生年金と共済年金に分かれていた被用者の年金制度が厚生年金保険制度に統一されました。その結果、図表 5 にあるとおり、年金制度は国民年金制度と厚生年金保険制度の 2 つになりました。

国民年金制度の加入者は第 1 号被保険者になります。対象者は日本国内に住む 20 歳以上 60 歳未満の自営業、学生などです。一方、厚生年金保険制度の加入者は第 2 号被保険者になります。対象者は、厚生年金の適用を受ける会社に勤務する人、公務員、私立学校の教職員等です。その加入者の 20 歳以上 60 歳未満の国内に居住するなどの被扶養配偶者は第 3 号被保険者となります。

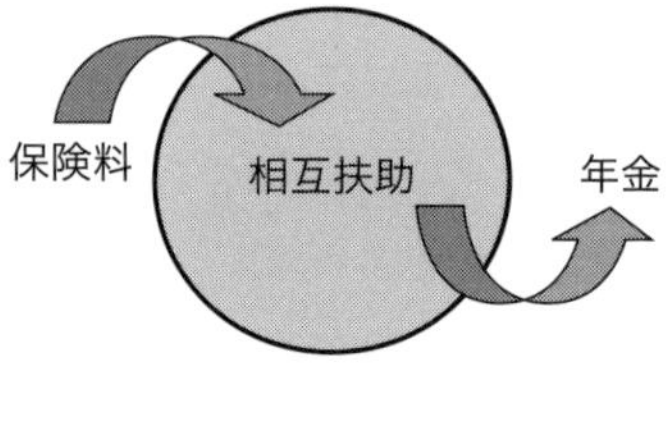

図表5　年金制度

厚生年金		一般厚生年金（従来の厚生年金）	国共済厚生年金（国家公務員共済組合）	地共済厚生年金（地方公務員共済組合）	私学共済厚生年金（私立学校教職員共済）	
国民年金	第1号被保険者（日本国内に住む20歳以上～60歳未満の自営業・学生等）	第2号被保険者（厚生年金の適用を受ける会社に勤務する人、公務員、私立学校の教職員等）				第3号被保険者（第2号被保険者の被扶養配偶者）※

※日本国内に居住あるいは、日本国内に生活の基礎があると認められる者として厚生労働省令で定める者（ex. 外国に留学する学生（妻 or 夫）、外国に赴任する第2号被保険者に同行する妻 or 夫）に限る。

次に、年金制度の給付の概要について説明します。後ほど各年金制度の給付の詳細について説明します。年金給付は大きく分けると先ほど述べたように、①【老齢】、②【障害】、③【死亡】の3つの支給事由になります。

図表6は、【老齢】、【障害】、【死亡】の支給事由に応じて、どのような種類の年金が給付されるのかを示した表になります。

まず、【老齢】が支給事由となる年金について、加入期間が国民年金のみの場合は老齢基礎年金が支給されます。一方で、厚生年金保険に加入している場合は、国民年金にも同時に加入することになりますので、加入期間を満たせば、老齢基礎年金と老齢厚生年金の2階建ての年金が支給されます。

【障害】が支給事由となる年金が障害年金です。障害年金は、障害の原因となった病気やけがの「初診日」が国民年金の加入期間にあれば、障害基礎年金のみの支給になり、厚生年金の加入期間にあれば、障害等級が1、2級に該当すると、障害基礎年金と障害厚生年金の2階建ての年金を受給できます。さらに、障害基礎年金を受給する際に、要件に該当する子ども（18歳到達年度の末日（3月31日）を経過していない子等の場合）がいる場合、その数に応じて金額が加算されます。一方、障害厚生年金は障害等級が1、2級に該当し、要件に該当する配偶者（65歳未満）がいる場合に金額が加算されます。3級に該当する

図表 6　公的年金制度の給付

支給事由	年金の名称	年金の種類	支払方法	受給対象者	その他
老齢	老齢基礎年金	国民年金	年金	本人	保険料納付済期間＋免除期間＋合算対象期間が 10 年で受給可
	老齢厚生年金	厚生年金	年金	本人	国民年金に加入していた期間がある場合は、その期間も含め、保険料納付済期間＋免除期間＋合算対象期間が 10 年で受給可。加給年金、振替加算が支給される場合あり
障害	障害基礎年金（1、2 級）	国民年金	年金	本人	子（18 歳到達年度の末日（3 月 31 日）を経過していない子等の場合）の数に応じて加算額あり
	障害厚生年金（1～3 級）	厚生年金	年金	本人	3 級より軽い場合は一時金として障害手当金が支給される。1、2 級は配偶者（65 歳未満）の加給年金額の加算あり
死亡	遺族基礎年金	国民年金	年金	死亡した人に生計を維持されていた、子のある配偶者または子 ＊1. 子とは、18 歳到達年度の末日（3 月 31 日）を経過していない子あるいは、20 歳未満で障害等級 1 または 2 級の障害状態にある子をさす。	子の数に応じて加算額あり
	遺族厚生年金	厚生年金	年金	1. 死亡した人に生計を維持されていた妻（30 歳未満の子のない妻は 5 年間のみ）もしくは 55 歳以上の夫、2. 55 歳以上の父母、3. 孫、4. 55 歳以上の祖父母の順に優先者に支給 ＊子・孫とは、18 歳到達年度の末日（3 月 31 日）を経過していないものあるいは、20 歳未満で障害等級 1 または 2 級の障害状態にあるものをさす。	子のある配偶者あるいは子の場合は遺族基礎年金も併せて受給が可能

支給事由	年金の名称	年金の種類	支払方法	受給対象者	その他
死亡	中高齢の加算（遺族厚生年金に加算）	厚生年金	年金	・夫が死亡したとき40歳以上65歳未満で生計維持している子（＊1と同じ子の要件）がない妻 ・40歳時点で遺族基礎年金、遺族厚生年金を受給していたが、子が18歳到達年度の末日（3月31日）等になり、遺族基礎年金が受けられない妻（65歳未満）。	65歳になると加算がなくなり、生年月日に応じて経過的寡婦加算の受給が可能
	寡婦年金	国民年金	年金	60〜64歳の妻	夫の保険料納付済期間＋免除期間が10年以上必要
	死亡一時金	国民年金	一時金	1. 配偶者、2. 子、3. 父母、4. 孫、5. 祖父母、6. 兄弟姉妹の順で優先者に支給。	寡婦年金と死亡一時金が両方受給できる場合はどちらか選択
	未支給年金	受給している年金で、死亡後に振り込み期日が来るもので、亡くなった月までの分	一時金	1. 配偶者、2. 子、3. 父母、4. 孫、5. 祖父母、6. 兄弟姉妹、7. それ以外の3親等の順で優先者に支給。	

（出所：筆者作成）

場合には障害厚生年金のみ、障害等級が3級に満たない場合には一時金として障害手当金が支給されます。

また、支給決定後は、障害の状態が変化することもあるので、病名や病歴、病状等を元に決められた年数で定期的に診断書を提出し、年金の更新手続きを行います。しかし、手足の切断や人工関節の挿入など今後病状が改善する見込みがない場合などは永久認定されて、更新の手続きが不要になります。

【死亡】が支給事由となる年金が遺族年金です。遺族年金は、家計を支える人や年金を受け取っている人が亡くなった時に家族に給付される年金で、遺族基礎年金と遺族厚生年金があります。そして、亡くなった人の年金の加入状況や残された家族の状況などによって年金あるいは、それらの年金をもらえない遺族に対しては、寡婦年金や死亡一時金といった給付が用意されています。

これらの年金を受給するためには、保険料の納付が必要になります。もし、未納のままにしておくと、障害や死亡といった不慮の事態が発生した場合に支給される、障害年金・遺族年金が受けられない場合があるのです。

あとで詳細を説明しますが、障害の場合は初診日、死亡の場合は死亡日の月の前々月までの被保険者期間のうち、保険料納付済期間等が3分の2未満の場合、あるいは、初診日又は死亡日の月の前々月までの1年間に保険料の未納がある場合は、障害年金や遺族年金が支給されないことに注意が必要です。また、老齢基礎年金は10年の保険料の納付等が必要です。

＊「初診日」とは、障害の原因となった病気やけがについて、初めて医師又は歯科医師の診療を受けた日になります。

そこで以下、＜老齢年金＞、＜障害年金＞、＜遺族年金＞という3つの場合に分けて、図表6に示す各年金給付の詳細について説明していきます。

2　老齢年金

●受給資格要件の改正

2017年8月から加入期間と免除期間等を合わせて老齢年金の受給資格期間（年金を受けるために必要な加入期間）が10年になりました。

ちなみに、国民年金のみ10年加入した場合、老齢基礎年金として支給される額は、年間約19.5万円、15年の加入で年間約29万円、20年の加入で年間約40万円です。これに厚生年金保険の加入期間のある人は老齢厚生年金として上乗せされます。

もし、10年以上の加入期間等があるのに、年金請求書が届かない場合は、①基礎年金番号が交付されていない②住所が正しく登録されていない③氏名が正しく登録されていない④年金記録が統合されていないなどが考えられます。また、10年未満の加入期間等に合算対象期間（カラ期間）を加えることで10年を満たす場合にも、年金請求書は送付されてきません。なぜならば、日本年金機構ではその期間を把握していないからです。しかし、このカラ期間の加算によって受給が可能になった例もあります。10年加入していないので年金の受給ができないと思わずに、年金事務所にまず確認してみると良いかもしれません。ただし、年金の受給金額には、このカラ期間は含まず、保険料納付済期間等に応じたものになります。

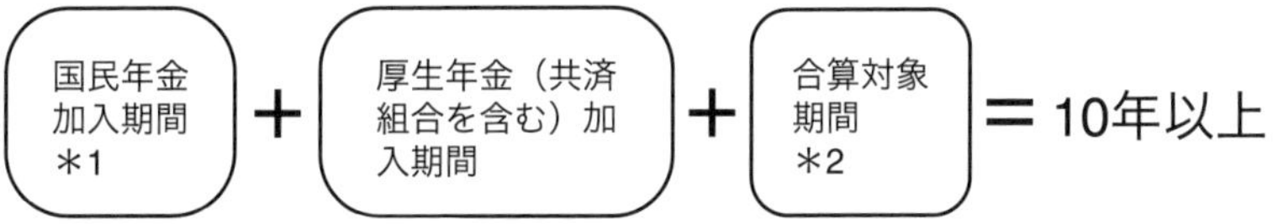

＊1　加入期間とは、保険料納付期間、保険料免除期間（一部免除の場合は必要な保険料を納付していること）、保険料納付猶予期間をさします。

なお、保険料免除期間とは、国民年金の第1号被保険者としての加入期間のうち、保険料を納めることが免除された期間をいいます。保険料が免除されるのは、自動的に免除される法定免除と、本人の申請による申請免除があります。

法定免除は、生活保護の生活扶助を受けている人、障害基礎年金や障害厚生年金（2級以上）等を受けている人などが対象です。一方、申請免除は、所得が少なく本人・世帯主・配偶者の前年所得（1月から6月までに申請される場合は前々年所得）が一定額以下の場合や失業した場合など、国民年金保険料を納めることが経済的に困難な場合に申請できます。免除される額は、全額、4分の3、半額、4分の1の4種類があります。この期間は、受給資格期間（年金を受けるために必要な期間）にカウントされますが、年金額は免除の分、全額保険料を納めた時よりも低額になります。そして、10年以内であれば免除された分の納付が可能です。

また、保険料猶予制度とは、20歳から50歳未満の人で、本人・配偶者の前年所得（1月から6月までに申請される場合は前々年所得）が一定額以下の場合に申請すると国民年金の保険料の納付が猶予されるものです。この納付猶予期間は、受給資格期間にカウントされますが年金額には反映されません。また、10年以内であれば猶予された期間分の納付が可能です。

＊2　合算対象期間（カラ期間）とは、加入期間に加えますが、年金額の計算には入れない期間です。国民年金の適用除外とされた期間や適用はあっても加入は任意とされていた期間（昭和61年3月以前の大学生や厚生年金保険、共済組合等の加入者の配偶者、海外に在住した期間など）です。日本年金機構では把握していない期間なので、本人が申告する必要があります。

◇10年で受給権が発生する年金

(1) 老齢給付

老齢基礎年金、老齢厚生年金、退職共済年金（原則、老齢厚生年金として決定されます）、旧法老齢年金（旧国民年金の老齢年金・通算老齢年金、旧厚生年金の通算老齢年金、旧船員保険の通算老齢年金等）

(2) 遺族給付

国民年金の寡婦年金

＊遺族年金（遺族厚生年金及び遺族基礎年金）の要件には変更がなく、受給資格期間を満たした人が亡くなった場合の要件では、原則として25年の加入期間が必要になります。

●ねんきん定期便

① 35歳、45歳、59歳の人に届く「ねんきん定期便」

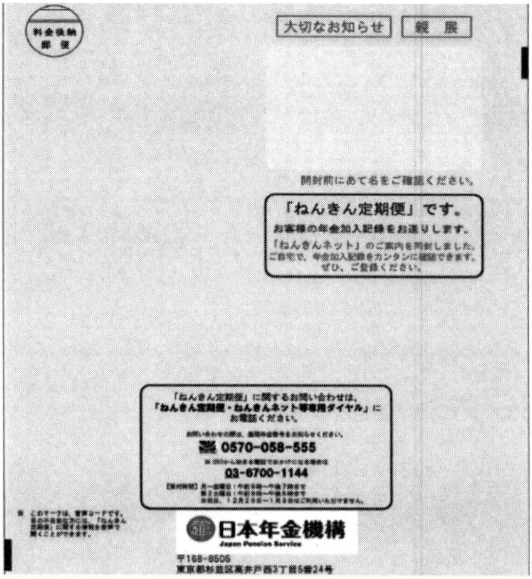

そして、年金定期便が年1回届くことになって今年で約10年になります。消えた年金問題を機に、再発防止を目的として2009年4月から本格的に始まりま

した。年金定期便は年金額の目安がわかる通知書ですが、厚生年金保険と国民年金の被保険者の誕生日月に届きます。

通常は直近の1年間の記録が通知されますが、節目の年齢（35、45、59歳）には全期間の記録が通知されます。

② 35歳・45歳・59歳の人以外に届く「ねんきん定期便」

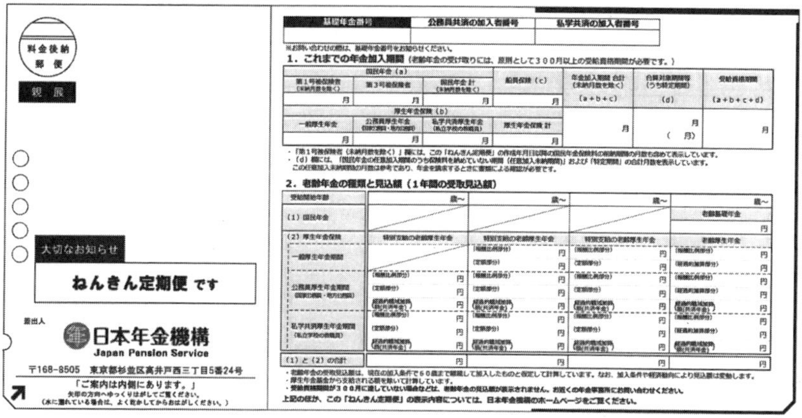

上記の明細は、誕生日月に毎年郵送されますが、この定期便の記載内容は50歳未満と50歳以上で異なります。50歳未満の場合、これまでの年金加入期間、加入実績に応じた年金額が記載され、今後の予想は含まれません。一方、50歳以上に届く「ねんきん定期便」には、60歳まで加入し続けた場合の老齢年金の年金見込み額（年額）が記載されています。

60歳台前半に年金（特別支給の老齢厚生年金）を受けていた人は、65歳から新たに老齢基礎年金、老齢厚生年金が受けられますが、再度、年金請求が必要です。65歳になると、日本年金機構（共済組合）よりはがき形式の「年金請求書」が郵送されますので、必要事項を記入して65歳到達月の末日までに返送してください。

●老齢年金について

老齢年金は、高齢になった時に受け取れる年金ですが、国民年金に加入した期間に応じて支給される老齢基礎年金と、厚生年金保険（共済組合の組合員であった期間を含む）に加入した期間とその加入期間の標準報酬月額*に応じて支給される老齢厚生年金があります。

国民年金のみの加入者（第 1 号被保険者、第 3 号被保険者）は 65 歳から老齢基礎年金のみが支給されます。下記の金額は加入期間を全て満たした場合の金額であり、免除期間や合算対象期間、未納期間などがあると減額になります。

＊標準報酬月額とは、被保険者が事業主から受ける毎月の給料などの報酬の月額を区切りのよい幅で区分したもので、これを元に保険料の額や年金額を計算します。

老齢基礎年金の年額781,700円（2020年度）

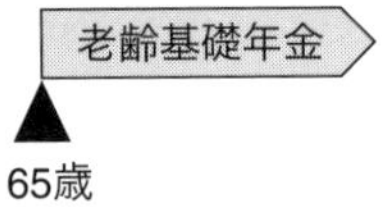

厚生年金保険（各共済組合の組合員期間を含む）の加入者は、加入期間が 1 か月以上あれば（国民年金の第 1 号・第 3 号被保険者の期間がある人を含む）65 歳から老齢基礎年金に上乗せして老齢厚生年金が支給されます。

なお、生年月日によって、65 歳より前に特別支給の老齢厚生年金を受給できる人がいます（1 年以上の加入期間が必要）。

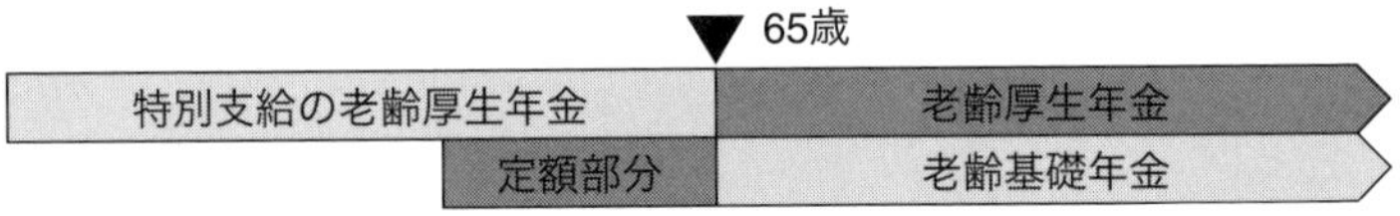

●加給年金と振替加算

①　加給年金

加給年金とは扶養手当のようなものです。老齢厚生年金の受給者（仮に夫）が 65 歳到達時点（または定額部分が支給される人はその支給開始年齢に達した時点）で、受給者（夫）に生計を維持（年収 850 万円未満）されている配偶者（仮に妻）がいる場合は、その配偶者（妻）が 65 歳になるまで本人（夫）の老齢厚生年金に加給年金が加算されます。さらに本人（夫）の生年月日に応じて特別加算があります。ただし、本人（夫）の厚生年金保険（共済組合等を含む）の被保険者期間が合計で20年以上あることが要件（中高齢の特例あり）です。もし、20年の被保険者期間が無い場合は、65歳到達後（または定額部分支給開始年齢に到達後）、被保険者期間が20年以上になったところで加算されます。また、18歳未満（18歳到達年度の末日（3月31日）まで）または、20歳未満で1級・2級の障害の状態にある子どもがいる場合も、加給年金として加算されます。

しかし、その配偶者（妻）が老齢厚生年金（被保険者期間が20年以上または中高齢の特例に該当する場合）、退職共済年金（組合員期間20年以上）または障害年金を受けられる間は、配偶者の加給年金額（224,900円）は支給停止されます。ちなみに、前述の妻と夫が逆の場合でも同様になります。なお、加給年金額加算のためには、届出が必要です。

＊昭和26年4月1日以前に生まれた人は、男性の場合は40歳、女性の場合は35歳以降の厚生年金の被保険者期間（共済組合に加入していた期間を除きます）が、生年月日に応じて一定の期間（15〜19年）以上ある場合を中高齢の特例といいます。

＊「生計を維持されている」とは、原則として、次の要件を満たす場合をいいます。

1. 同居していること（別居していても、仕送りをしている、健康保険の扶養親族である等の事項があれば認められます）。
2. 加給年金額等対象者について、前年の収入が850万円未満であること。または所得が655万5千円未満であること。

また、生計を維持されている配偶者（妻）が年上の場合、加給年金は支給されませんが、夫が65歳に到達（または定額部分が支給される人はその支給開始年齢に到達）すると、配偶者（妻）の老齢基礎年金に、年金（振替加算（のちに説明））が加算されます。その場合、配偶者（妻）自身が振替加算の受給の手続きをすることを忘れないでください。

現在では、共働き世帯も増えてきていますので、女性が20年間厚生年金に加入することが珍しいことではなくなるでしょう。したがって、今後は加入年金が停止されることも多くなるかもしれません。

図表7　加給年金（2020年度の金額）

配偶者の加給年金額	
224,900円	
子の加給年金額	
1人目・2人目	各224,900円
3人目	各75,000円

年金受給者の生年月日による特別加算	
昭9.4.2～昭15.4.1	33,200円
昭15.4.2～昭16.4.1	66,400円
昭16.4.2～昭17.4.1	99,600円
昭17.4.2～昭18.4.1	132,700円
昭18.4.2以降	166,000円

②　振替加算

昭和61年に年金制度の大改正があり、今まで任意加入だった専業主婦（サラリーマンの妻）なども年金に加入することになり、全ての国民が強制加入となりました。この時代は、男性が働き、女性は専業主婦という家族モデルが一般的で、年金制度にも専業主婦は任意加入だったため、加入していない女性が多くいました。したがって、この年から強制加入になっても中年女性は加入可能な年数が短く、十分な年金を老後受給できません。そのため、配偶者（仮に妻とする）が65歳になり、老齢基礎年金を受給できるようになると夫の年金についていた「加給年金額」の加算が打ち切られ、配偶者（妻）自身の年金に加算が行われます。これを「振替加算」といいます。

振替加算は大正15年4月2日～昭和41年4月1日に生まれた人が対象で生年月日に応じて加算金額が変わります。つまり、年齢が若いほど、年金に加入できる年数が長くなるため、それに応じて、加算金額も徐々に減額されます。そして、国民年金の強制加入が始まった昭和61年4月1日後に20歳になる、つまり、全期間の年金制度の加入が可能になる昭和41年4月2日以後生まれの配偶者（妻）からは支給がありません。

また、配偶者（妻）が老齢基礎年金の他に老齢厚生年金や退職共済年金を受けている場合は、厚生年金保険及び共済組合等の加入期間を併せて240月以上あると支給されません。他に、配偶者（妻）が自分の年金を65歳前に繰り上げて受ける場合でも振替加算は65歳からの受給になります。

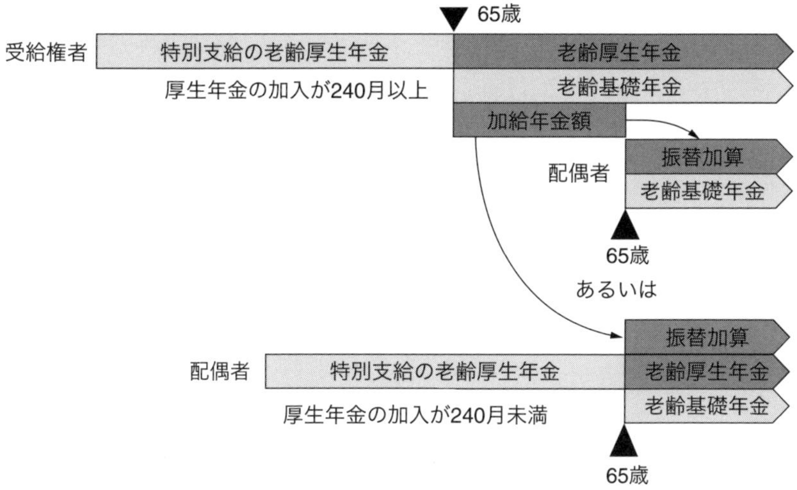

●働きながら受ける年金（在職老齢年金）

老齢厚生年金を受給できる人が、厚生年金保険の被保険者として会社で働く場合、給与や賞与の金額に応じて年金額が一部あるいは全額支給停止される場合があります（在職老齢年金という）。厚生年金保険と共済組合の加入期間がある場合は、それぞれの年金額に応じて支給停止額が按分されます。また、全額年金が支給停止になると加給年金の支給も全額支給停止されます。ただし、老齢基礎年金等は減額されません。支給調整されるのは、老齢厚生年金（特別支給の老齢厚生年金を含む）になります。

厚生年金保険に加入している70歳未満の老齢厚生年金の受給者が、会社を退職した場合は、その会社での厚生年金保険に加入していた期間が加算され、再計算された年金額に変更になります。そして、その後、年金額の一部又は全部の支給停止がなくなり、全額支給されます。しかし、退職して1か月以内に再就職し、厚生年金保険に加入したとき（転職など）は、引き続き在職老齢年金として調整された年金の支給になります。

図表8は、受給開始年齢～64歳の在職している人が年金と給与や賞与を受ける場合に、調整される年金支給額を記載したものです。加給年金を除いた老齢厚生年金の月額と総報酬月額相当額の合計額が28万円以下であれば年金は全額支給されます。しかし、28万円を超えると減額されます。例えば、総報酬月額相当額が20万円で年金月額が12万円の場合は、年金は10万円の支給になり、

図表8　受給開始年齢～64歳の在職中の年金早見表（2020）

	年金月額（報酬比例部分＋定額部分）								
総報酬月額相当額		8万円	10万円	12万円	14万円	16万円	18万円	20万円	22万円
	10万円	8万円	10万円	12万円	14万円	16万円	18万円	19万円	20万円
	15万円	8万円	10万円	12万円	13.5万円	14.5万円	15.5万円	16.5万円	17.5万円
	20万円	5.5万円	9万円	10万円	11万円	12万円	13万円	14万円	15万円
	25万円	3万円	6.5万円	7.5万円	8.5万円	9.5万円	10.5万円	11.5万円	12.5万円
	30万円	1万円	4万円	5万円	6万円	7万円	8万円	9万円	10万円
	34万円	—	2万円	3万円	4万円	5万円	6万円	7万円	8万円
	36万円	—	1万円	2万円	3万円	4万円	5万円	6万円	7万円
	38万円	—	—	1万円	2万円	3万円	4万円	5万円	6万円
	41万円	—	—	—	0.5万円	1.5万円	2.5万円	3.5万円	4.5万円
	44万円	—	—	—	—	—	1万円	2万円	3万円

＊総報酬月額相当額…「月給」＋「その月以前1年間の賞与額を12で割った金額」

図表9　65歳以降の在職中の年金の早見表（2020）

	老齢厚生年金（月額）				
総報酬月額相当額		8万円	10万円	12.5万円	15万円
	30万円	8万円	10万円	12.5万円	15万円
	36万円	8万円	10万円	11.75万円	13万円
	41万円	7万円	8万円	9.25万円	10.5万円
	50万円	2.5万円	3.5万円	4.75万円	6万円
	53万円	1万円	2万円	3.25万円	4.5万円
	56万円	—	0.5万円	1.75万円	3万円
	59万円	—	—	0.25万円	1.5万円

2万円減額されます。なお、年金の減額を算出する計算式がありますが、図表は早見表として作成しているものです。あくまでも目安として参考にしてください。また、図表9は、65歳以降の在職者の場合です。

【65歳以降に調整される年金支給月額の式】

老齢厚生年金月額−(総報酬月額相当額＋老齢厚生年金月額−47万円)×1/2

加給年金額を除いた老齢厚生年金の月額と総報酬月額相当額との合計が47万円までは年金額は減額されません。しかし、47万円を超える場合には、上記の計算式で在職老齢年金による調整後の年金支給月額を計算します。なお、65歳前の在職老齢年金の計算でも同じですが、厚生年金基金に加入していた期間がある場合は、厚生年金基金に加入しなかったと仮定して（代行部分を含めて）計算した老齢厚生年金の年金額を元に老齢厚生年金月額を計算します。

2　障害年金

●障害年金の種類と支給金額

障害年金は、病気やけがで仕事や生活が制限されるようになった時に受け取るものですが、障害年金というと、不慮の事故や突然難病にかかり寝たきりになるなど、よほどのことが起きないと支給されない、自分とは無縁の年金のように思う人がいるかもしれません。しかし、実は意外に受給するケースはあるものです。例えば、糖尿病が進行して人工透析を受けることになった、緑内障が進んで2級の身体障害者手帳が交付された、大腸がんで人工肛門を造設した場合など、これらの傷病には該当する等級が定まっていて、障害年金を受給することができます。また、双極性障害やうつ病等の精神疾患や脳梗塞の後遺症の高次脳機能障害で日常生活や就労に支障が生じてしまうケースなども可能な場合があります。

障害年金には、障害基礎年金と障害厚生年金の2つの種類があります。さらに障害の程度によって、障害基礎年金は1級と2級があり、障害厚生年金は、1

〜3級がありますが、3級の障害に該当しない場合は、障害手当金として一時金が支給されます。

支給される障害年金の金額は、図表10に示す通りですが、障害基礎年金1、2級の受給者で、18歳未満（18歳到達年度の末日（3月31日）まで）または、20歳未満で1級・2級の障害の状態にある子どもがいる場合は、障害基礎年金にさらに1人につき224,900円の加算があります。3人目以降は1人につき75,000円を支給します。一方、障害厚生年金の報酬比例部分、障害手当金は平均標準報酬額（標準報酬月額と標準賞与額の総額を加入期間で割ったもの。ただし、平成15年3月以前の加入期間の金額を計算する時は、標準賞与額は加算しない）に定率と加入月数を掛けて算出します。

具体的な計算式は、後で遺族厚生年金の年金額の計算の箇所（73ページ参照）に記載しますので、参考にしてください。報酬比例部分の計算方法は基本的に同じです。

そして、障害厚生年金1、2級の受給者で、その人に生計を維持されている65歳未満の配偶者がいる場合には障害厚生年金に224,900円の加算（加給年金）がつきます。ただし、配偶者が老齢厚生年金等の加入期間が20年以上などの場合は支給停止されます。

さらに、障害厚生年金1〜3級で、加入期間の月数の合計が300月未満の場合は、300月加入したとみなして年金額を計算します。しかし、障害認定日がある月後の加入期間は、年金額計算には反映しません。

ちなみに、障害厚生年金3級の場合は最低保証額がありますので、報酬比例の年金額を計算してどちらか高い方が支給されます。また、65歳以降に初診日のある障害で障害年金を受給する場合は、たとえ、障害等級1、2級に該当しても、障害基礎年金は支給されず、障害厚生年金しか支給されません。しかし、その場合も、障害厚生年金の1、2級に3級と同じ最低保証額があります。

では、どのような場合に障害基礎年金と障害厚生年金が支給されるのでしょうか。障害年金の場合、障害の原因となった傷病の「初診日」（障害の原因となった傷病について、初めて医師の診断を受けた日）がいつかによって、受給できる年金が違います。つまり、国民年金の加入期間に「初診日」があれば、障害基礎年金のみの受給になり、厚生年金保険の加入期間に「初診日」があり、障害等級が1、2級に該当すれば、障害基礎年金と障害厚生年金の2階建ての年金を受給できます。したがって、「初診日」が重要になりますが、初診でかかった病院が無くなった、カルテの法定保存年限（5年）を過ぎている等で初診の診断書が手に入らないなど「初診日の証明」が難しいケースがあります。

対策として、できるだけレシートなど、受診を証明できるものをとっておく、「初診日」を証明しやすくするために、最低年1回の健康診断の受診を行う、さらに退職前に体調が悪いと思ったら、検査をしておくことで、その健康診断の結果が、「初診日の証明」になることがあります。

図表10　障害年金（2020年度）

障害の程度	国民年金加入期間に初診日	厚生年金保険加入期間に初診日
1級	1級の障害基礎年金（年額977,125円）＋子の加算額	1級の障害基礎年金＋1級の障害厚生年金（報酬比例の年金額）×1.25＋（配偶者の加給年金額）
2級	2級の障害基礎年金（年額781,700円）＋子の加算額	2級の障害基礎年金＋2級の障害厚生年金（報酬比例の年金額）＋（配偶者の加給年金額）
3級	—	3級の障害厚生年金（報酬比例の年金額）（最低保障額　586,300円）
3級より軽症	—	障害手当金（報酬比例の年金額×2年分）を一時金で支給（最低保障額　1,172,600円）

つぎの事例は、個人情報のため、事実を変えている部分はありますが、この「初診日」がどのように影響するのかを具体的に示した事例です。

【事例】

依頼者は、専業主婦のSさんです。最近、かかりつけの医院から紹介を受けて、不整脈でC病院に通院していました。その日は、心臓の検査結果（肥大性心筋症との診断）を病院に聞きに行く予定でしたが、急に肥大性心筋症により心室細動を起こして心肺停止となり、B病院に搬送されて2週間ほど入院しました。その後、C病院に転院し、S-ICD手術を受けて退院してから、障害年金の申請の依頼をしたという経緯です。このまま申請してしまうと、専業主婦のSさんは、障害基礎年金しかもらえない状況でした。というのは、かかりつけ医に受診した日（初めて不整脈が発見された）が初診日とされ、専業主婦のSさんはその初診日が国民年金の加入期間にあったからです。

しかし、実は不整脈は6、7年前からひどく、原因がわからないという状況が続いていました。でも、気になっていたので、診察の間がかなり空くことがありましたが、かかりつけの医院以外にこれまで2、3の病院に通院していました。

最初に不整脈で病院にかかったのは、N病院（6、7年前）で、1度しか受診しませんでした。その時は、会社に勤務し、厚生年金保険に加入していました。この病院では、心臓肥大かもしれないという診断でしたが、不整脈の原因は明確ではなく、検査時の心電図でも不整脈を確認することができませんでした。その後I病院（4、5年前）にも数回かかりました。この病院に通院している途中で会社を退職しました。この病院でも、不整脈の原因は特定できず、検査時に不整脈を確認できませんでした。

そして、退職後、不整脈が家の近所のかかりつけの医院で確認され、最近手術した病院（C病院）へ紹介状を書いてもらい、C病院にて検査を受けたという経緯です。

このケースでの問題は、本人に自覚症状があるにもかかわらず、I病院やN病院にかかった時には不整脈が確認できなかったので、不整脈の原因がわからず、病名をつけてもらえなかったということです。しかし、実際に自覚症状はあったわけですから、最初にかかったN病院あるいはI病院にかかった時が初診日であるということを認めてもらえれば、当時は会社に勤め、厚生年金保険に加入していたので、障害基礎年金と障害厚生年金の2階建ての年金が受給できます。結果として、N病院では6、7年も前に受診しているのでカルテがなく、証明書をとることができませんでした。しかし、I病院で受診状況等証明書（初診日を証明するものです。現在の診断書を作成する医療機関と、初診の医療機関が同一でない場合に使用します）に、肥大性心筋症につながる病状を記載してもらうことができ、障害基礎年金、障害厚生年金2級を受給することができました。

以前より初発症状（倦怠感、微熱、頭痛など）から診断名がつくまでが早くなり、病名も細分化されて、障害年金を申請する環境が少しずつ改善しているようです。しかし、診断書を医師に書いてもらうときに注意が必要なのは、診察時のわずかな時間に本人が日常生活や仕事の支障等を医師に正確に伝えられない、医師に体調の良いことを中心に言ってしまい、本当の状態が伝わらない等が原因で、障害の状態に見合った診断書が取れないことがあります。その場合は、あらかじめ、症状についての詳細をまとめた書面を用意し、医師に渡すなどして診察に臨むと良いでしょう。そして、大きい病院は診断書が出来るまでに数週間かかりますので、その点も留意しておく必要があります。

また、以前の精神障害の障害認定基準には「どのような判定がされた場合、何級に該当するのか」という具体的な定めがありませんでした。しかし、2016年9月より「精神の障害に係る等級判定ガイドライン」の運用が開始され、障害等級の目安が定められたことにより、診断書を見て自分の障害等級の目安というのがわかりやすい形になりました。また、2017年4月には、障害年金の認定事務を東京に集約し、「国民年金・厚生年金保険障害認定基準」に基づき地域差によって認定した等級にばらつきが無いように、認定が適正に行われる工夫がされています。

●障害年金の支給要件

ここからは、具体的な障害年金の支給要件について説明します。

①　障害基礎年金

以下の要件に該当すると、障害基礎年金が支給されます。

◇障害の原因となった病気やけがの初診日が次のいずれかの間にあること

①　国民年金の加入期間

②　20歳前または日本国内に住んでいる60歳以上65歳未満の人で年金制度に加入していない期間（ただし、老齢基礎年金を繰り上げて受給している人を除く）

＊初診日とは、障害の原因となった病気やけがについて、初めて医師または歯科医師の診療を受けた日をいいます。（同一傷病で転医があった場合でも、一番初めに医師等の診療を受けた日が初診日となります）

◇障害認定日または20歳に達したときに、障害等級の1級または2級に該当する障害が残った場合

＊障害認定日とは、障害の状態を定める日のことで、その障害の原因となった病気やけがについての初診日から1年6か月経った日または治癒した日（「その症状が固定し、治療の効果が期待できない状態に至った日を含む」以下同じ）のいずれか早い日

◇初診日の前日に保険料の納付要件（初診日のある月の前々月以前の納付状況）を満たしていること。ただし、20歳前の年金制度に加入していない期間に初診日がある場合は、納付要件はありません。

②　障害厚生年金

以下の要件に該当し、障害等級の1級または2級に該当する障害の状態のときは、前述のとおり、障害厚生年金の1級あるいは2級に同じ等級の障害基礎年金が支給されます。2級に該当しない軽い程度の障害のときは3級の障害厚生年金が、それより軽い程度の障害（ただし、障害等級表に定める障害の状態）のときには一時金として障害手当金がそれぞれ厚生年金単独で支給されます。

◇厚生年金保険に加入している間に初診日がある病気やけが

◇障害認定日（初診日から1年6か月経った日か治癒した日のいずれか早い方）に障害等級に該当したとき（障害手当金については、初診日5年以内に治っ

て（症状が固定）いること）

◇初診日の前日に保険料の納付要件を満たしていること

●保険料納付要件

保険料納付要件とは、初診日の前日に、次の（1）、（2）のいずれかの要件を満たしていることです。

（1）初診日が含まれる月の前々月までの被保険者期間に、国民年金の保険料納付済期間および保険料免除期間（保険料免除期間と納付猶予期間）等、厚生年金保険の被保険者期間、共済組合の組合員期間の合計が3分の2以上（つまり未納期間が3分の1未満）あること。

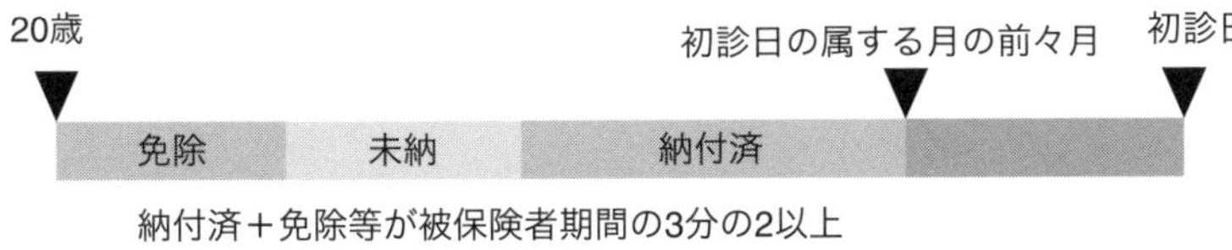

（2）初診日（2026年4月1日前であること）に65歳未満であれば、初診日のある月の前々月までの直近1年間に保険料の未納がないこと（免除や猶予の期間は未納とされません）。

●障害年金の請求方法

障害年金の一般的な申請は、障害認定日から3か月以内の診断書を用意し、その障害認定日から1年以内に請求します。その場合、受給権の発生は、障害認定日となります。

一方、初診日から1年6か月経過した日以後、障害年金の請求自体をしていなかった、請求できることを知らなかったなどで、障害認定日から1年以上経過した後で、障害認定日時点に遡って請求することがあります。その場合は、申請時に、原則として障害認定日から 3 か月以内の診断書と、請求時点での診断書の計 2 枚が必要になります。

そして、障害年金の支給は基本的に障害認定日の翌月分から（経過分については初回振込み時に支給）になりますが、時効が 5 年のため、請求日が障害認定日から 5 年以上を経過している場合、5 年前の年金分は時効により消滅します。

その他、次に述べるように、障害認定日時点で障害等級に該当しない場合でも、症状が悪化したり（これを「事後重症」といいます)、別の障害を併合することで障害等級に該当したときは、障害年金を受給できることがあります。

①　「事後重症」

「事後重症」による請求とは、障害の原因となった病気やけがの初診日から 1 年 6 か月を経過した障害認定日時点で障害等級に該当していなかったが、その後 65 歳に達する日の前日までに障害が悪化し、障害等級に該当する状態に至った場合に請求することをいいます。

その他、障害認定日時点で医療機関に受診していない、当時のカルテの保管期限が過ぎており入手できない等の理由で障害認定日時点における診断書が取得できない場合も、基本的にはこの事後重症による請求となります。

たとえば、糖尿病が悪化して慢性腎不全になったため、人工透析をすることになり、障害年金を請求する場合、請求傷病は慢性腎不全になることが多いと思います。その場合、糖尿病と慢性腎不全の間には相当因果関係がありますので、障害年金を請求する上での初診日は、糖尿病の初診日になります。しかし、糖尿病の初診日から 1 年 6 月経過後である障害認定日時点では、腎臓にはまだ影響が出ていないことも多く、その場合は障害認定日で受給権が発生しません。こうした場合は遡及請求しても受給権が得られませんので、事後重症請求をすることになります。

ただし、事後重症による年金請求の場合は、請求日の翌月から年金を受けることになりますので、請求が遅くなると、その分、受給する年金額が少なくなります。また、請求期限は、65 歳に達する日の前日までとなります。

② 「基準障害」(別の障害との併合)

既に発生している傷病による障害（2 級以上の障害に満たない程度の障害）と、新たに発生した傷病（既に発生している傷病の初診日以後に初診日のある傷病に限る）による障害を併合して、65 歳に達する前に、初めて障害等級が 2 級以上に該当する場合も支給申請ができます。この場合、新たに発生した傷病(基準傷病といいます）について前述した、障害年金の要件、保険料納付要件を満たす必要があります。

また、受給権は、はじめて 1 級もしくは 2 級に該当したときに発生しますので、65 歳になる前（65 歳誕生日の前々日）に受給権が発生していなければなりません。しかし、年金の請求は 65 歳以降でも可能ですが、支給については受給権が発生したときに遡ることはできないので、請求の翌月からになります。

つぎに示すのは、障害認定基準です。障害の程度を認定する場合の基準となるもので、国年令別表、厚年令別表第 1 及び厚年令別表第 2 に規定されています。ただし、身体障害者手帳の等級とは異なります。以下、参考までに各等級の障害の状態の抜粋です。

【障害認定基準】(参考)

1 級は、身体の機能の障害又は長期にわたる安静を必要とする病状が日常生活の用を弁ずることを不能ならしめる程度のものとする。この日常生活の用を弁ずることを不能ならしめる程度とは、他人の介助を受けなければほとんど自分の用を弁ずることができない程度のものである。

例えば、身のまわりのことはかろうじてできるが、それ以上の活動はできないもの又は行ってはいけないもの、すなわち、病院内の生活でいえば、活動の範囲がおおむねベッド周辺に限られるものであり、家庭内の生活でいえば、活動の範囲がおおむね就床室内に限られるものである。

2級は、身体の機能の障害又は長期にわたる安静を必要とする病状が、日常生活が著しい制限を受けるか又は日常生活に著しい制限を加えることを必要とする程度のものとする。この日常生活が著しい制限を受けるか又は日常生活に著しい制限を加えることを必要とする程度とは、必ずしも他人の助けを借りる必要はないが、日常生活は極めて困難で、労働により収入を得ることができない程度のものである。

例えば、家庭内の極めて温和な活動（軽食作り、下着程度の洗濯等）はできるが、それ以上の活動はできないもの又は行ってはいけないもの、すなわち、病院内の生活でいえば、活動の範囲がおおむね病棟内に限られるものであり、家庭内の生活でいえば、活動の範囲がおおむね家屋内に限られるものである。

3級は、労働が著しい制限（医師が制限をする）を受けるか又は労働に著しい制限を加えることを必要とする程度のものとする。

3　遺族年金

●遺族年金の支給金額と受給できる遺族

遺族年金とは、家計を支えるものや年金を受け取っている人が亡くなった時に家族に支給される年金で、遺族基礎年金と遺族厚生年金があり、亡くなった時の年金制度の加入状況や残された家族の状況などによってどの年金が誰に支給されるのか決まります。その他、遺族基礎年金が受給できない場合に支給される寡婦年金、死亡一時金があります。図表11は遺族年金の種類と受給できる遺族の優先順位を表にまとめたものです。

①　遺族基礎年金

遺族基礎年金は、国民年金に加入していた被保険者が亡くなった場合等に支給されるもので、年金額は年額781,700円（2020年度）です。

遺族基礎年金は、“子育て年金”と言われているように、受給できる遺族は、子のある配偶者あるいは子です。そして、配偶者も子も、子が18歳になった年

図表 11　遺族年金を受け取る遺族の順位と支給される年金等の種類

遺族厚生年金受給者の優先順位	遺族	亡くなった時に加入していた年金制度と受給できる年金等の種類	
		厚生年金保険	国民年金のみ
1	子のある配偶者（厚生年金保険受給の場合夫は 55 歳以上）	遺族基礎年金＋子の加算額＋遺族厚生年金	遺族基礎年金＋子の加算額
2	子	遺族基礎年金＋遺族厚生年金（子の加算額）（子が 1 人のみの場合は加算額なし。2 人以上につきます）	遺族基礎年金＋（子の加算額）（子が 1 人のみの場合は加算額なし。2人以上につきます）
3	子のない妻	遺族厚生年金	寡婦年金または死亡一時金＊
4	子のない夫（厚生年金保険受給の場合 55 歳以上）	遺族厚生年金	死亡一時金
5	父母（厚生年金保険受給の場合 55 歳以上）	遺族厚生年金	死亡一時金
6	孫	遺族厚生年金	死亡一時金
7	祖父母（厚生年金保険受給の場合 55 歳以上）	遺族厚生年金	死亡一時金

＊寡婦年金または死亡一時金は、第一号被保険者（国民年金保険料を寡婦年金は 10 年以上、死亡一時金は 3 年以上納付）が亡くなった時に支給される。ただし、遺族基礎年金が受給できない場合に限る。

（出所：筆者作成）

度末（3 月 31 日）あるいは、障害等級 1、2 級の子が 20 歳になった場合に支給が終了します。子の要件はそれ以外に、①婚姻していないこと、②法律上の子（実子、養子縁組した子、認知された子）であることが必要です。

図表12　配偶者が遺族基礎年金を受給した場合の年金額（2020年度）

子の人数	遺族基礎年金	加算額	年額（月額）
1人		224,900円	1,006,600　（83,883円）
2人	781,700円	449,800円	1,231,500（102,625円）
3人		524,800円	1,306,500（108,875円）

1人につき224,900円、3人目以降1人につき75,000円が加算

図表13　子が遺族基礎年金を受給した場合の年金額（2020年度）

子の人数	遺族基礎年金	加算額	年額（月額）
1人		0円	780,100（65,142円）
2人	781,700円	224,900円	1,004,600（83,883円）
3人		299,900円	1,081,600（90,133円）

3人目以降1人につき75,000円が加算

また、図表12は、配偶者が遺族基礎年金を受給する場合に子の数に応じて加算される年金額を示した表です。子が1人につき224,900円加算されます。3人目以降は1人につき75,000円を加算します。

一方、図表13は、子が遺族基礎年金を受給する場合に子の数に応じて加算される年金額を示した表です。子が1人の場合には加算はありませんが、子が2人の場合は、224,000円、子が3人目以降は1人つき75,000円を加算します。そして、1人あたりの子が受け取る金額は、遺族基礎年金と加算額の合計金額を受け取る子の人数で割った額になります。

②　遺族厚生年金

【支給金額】

遺族厚生年金は、厚生年金保険に加入していた被保険者が亡くなった場合等に支給されるもので、支給金額は亡くなった被保険者の老齢厚生年金の3/4です。そして、子（18歳年度末（3月31日）、あるいは障害等級1、2級の場合は20歳まで。以下同じ。）のある配偶者（夫の場合は55歳以上）や子は遺族厚生年金と遺族基礎年金の両方を受け取ることができます。

遺族厚生年金の年金額は次の計算式で算出されます。ただし、遺族厚生年

金の支給要件の１つである長期要件（老齢厚生年金の受給権者または受給資格期間を満たしている人が亡くなったとき）に該当する場合は、計算式の7.125/1000および5.481/1000の箇所は、亡くなった人の生年月日に応じて、9.5/1000〜7.125/1000および7.308/1000〜5.481/1000に変わります。また、共済組合等の加入期間を有する人の報酬比例部分の年金額については、共済加入期間にかかる平均標準報酬（月）額と加入期間の月数に応じた額と、それ以外の加入期間にかかる平均標準報酬（月）額と加入期間の月数に応じた額をそれぞれ計算します。

遺族厚生年金の額

死亡した人の老齢厚生年金（報酬比例部分）×3/4

老齢厚生年金報酬比例部分の計算式

❶平成15年3月以前の被保険者期間

$$\text{平均標準報酬月額} \times \frac{7.125}{1000} \times \text{平成15年3月までの被保険者期間の月数}$$

❷平成15年4月以降の被保険者期間

$$\text{平均標準報酬額} \times \frac{5.481}{1000} \times \text{平成15年4月までの被保険者期間の月数}$$

⇒❶＋❷

＊❶の平均標準報酬月額とは、平成15年3月以前の標準報酬額の総額を、平成15年3月以前の加入期間で割った額です。❷の平均標準報酬額とは、平成15年4月以降の標準報酬月額と、標準賞与額の総額を、平成15年4月以降の加入期間で割った額です。

【受給できる遺族】

遺族厚生年金は、支給対象者が広く、亡くなった厚生年金被保険者の遺族のうち、生計を維持されていた、配偶者、子、父母、孫、祖父母が支給対象者になります。しかし、妻以外には年齢制限など以下の条件が付きます。また、受給者の優先順位は、子のある妻または子のある夫（55歳以上）、子、子のない妻、子のない夫（55歳以上）、父母（55歳以上）、孫、祖父母（55歳以上）の順であり、最優先者のみに支給されます。

◎夫、父母、祖父母の場合

死亡当時、55歳以上であること。

（受給開始は60歳からになります。ただし、夫は遺族基礎年金を受給中の場合に限って、60歳より前でも遺族厚生年金を併せて受け取ることができます）

◎子、孫の場合

死亡当時、①18歳になった年度末（3月31日）までの間にあること。あるいは、20歳未満で障害等級1級または2級の障害の状態にあること。②婚姻していないこと。

なお、妻には年齢制限はありませんが、子がいない場合等には、一定の条件があり、夫の死亡時に妻が30歳未満で子がいなければ、遺族厚生年金は5年間の有期給付となります。そして、遺族厚生年金と遺族基礎年金を受けていた子のある妻が30歳になる前に遺族基礎年金を受ける資格を失ってから5年が過ぎたときに受給する権利がなくなります。

◇遺族厚生年金を受給できる期間（まとめ）

- 妻は夫の死亡時30歳以上もしくは子（18歳年度末（3月31日）、あるいは障害等級1、2級の場合は20歳まで）がいる場合は一生涯（再婚をした時等を除く）、30歳未満で、子がいなければ5年間（ただし、子がいる場合でも、30歳になる前に遺族基礎年金の受給権が消滅したときは、消滅後5年で受給権がなくなる）
- 子、孫は18歳年度末（3月31日）まで
  ただし、障害等級1、2に該当する子、孫は20歳まで
- 夫、父母、祖父母は60歳から受給

【中高齢の寡婦加算】

中高齢の寡婦加算とは、遺族厚生年金を受ける妻（夫と死別した妻）が、40歳から65歳までの間、遺族厚生年金に定額を加算してもらえる制度です。ただし、妻が遺族基礎年金を受け取ることができるときは、中高齢の寡婦加算は支給停止されます。

また、65歳になると自分の老齢基礎年金が受けられるため、中高齢の寡婦加算が、妻の生年月日（昭和31年4月1日以前生まれに限る）に応じて減額された経過的寡婦加算にかわります。

◎支給要件

次の（1）（2）のいずれかに該当する妻が受給する遺族厚生年金に40歳から65歳になるまでの間、586,300円（2020年度）が加算されます。ただし、長期要件（老齢厚生年金の受給権者または受給資格期間を満たしている人が死亡したとき）による遺族厚生年金の受給者の場合は、亡くなった夫の厚生年金保険と共済年金の加入期間が20年以上（厚生年金保険の中高齢の特例に該当するときは15年〜19年以上（この場合は共済年金の加入期間を除く））必要です。

(1) 夫が亡くなったときに妻が40歳以上65歳未満で、生計を同じくする子がいない場合。

(2) 遺族厚生年金と遺族基礎年金を受け取っていた「子のある妻」(40歳に達した当時、子がいるため遺族基礎年金を受けていた妻に限る）が、子が18歳になった年度の3月31日に達した（障害の状態にある場合は20歳に達した）ため、遺族基礎年金を受け取ることができなくなったとき。

【経過的寡婦加算】

中高齢の寡婦加算を受け取っている妻が65歳になると、老齢基礎年金が支給され、中高齢の寡婦加算は生年月日に応じて減額された経過的寡婦加算にかわります。

これは、老齢基礎年金の額が中高齢の寡婦加算の額に満たないときに、65歳到達前後における年金額の低下を防止するため設けられたものです。その額は、サラリーマンの妻などが年金制度に強制加入となった昭和61年4月1日において30歳以上（昭和31年4月1日以前生まれ）の人が、60歳までの国民年金に加入可能な期間をすべて加入した場合の老齢基礎年金相当額と合算して、ちょうど中高齢の寡婦加算の額となるよう、生年月日に応じて設定されています。

なお、遺族厚生年金の受給者が障害基礎年金の受給権も同時に有しているとき（ただし、支給停止になっている場合は除く）は、経過的寡婦加算は支給停止となります。

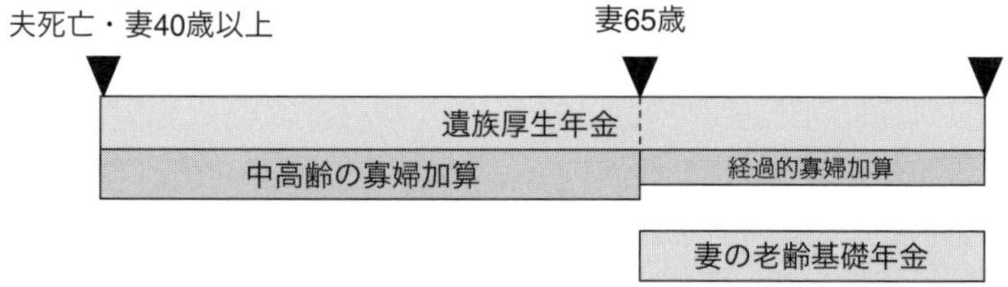

●遺族年金の支給要件

①　遺族基礎年金

遺族基礎年金は次のいずれかの要件に当てはまる場合、亡くなった人によって生計を維持されていた「子のある配偶者（事実婚含む）」または「子」が受け取ることができます*[1]。

・国民年金の被保険者である間に亡くなったとき

・国民年金の被保険者であった60歳以上65歳未満の人で、日本国内に住所を有していた人が亡くなったとき

・老齢基礎年金の受給権者[*2]であった人が亡くなったとき[*3]

・老齢基礎年金の受給資格期間[*4]を満たした人が亡くなったとき[*3]

＊1 「亡くなった人によって生計を維持されていた」とは、亡くなった当時、亡くなった人と生計を同一（同居要件なし）にしていた人で、原則として、年収850万円未満（「又は年額655万5,000円未満」以下同じ）の人が該当します。また、将来にわたって850万円を得られないと見込まれる人になりますが、亡くなった当時850万円以上であっても、おおむね5年以内に年収が850万円未満になると認められる事由（退職または廃業）がある人は該当します。

＊2 受給権者とは年金の裁定手続きにより年金もしくは一時金を受ける権利（受給権）が確定した人をいいます。

＊3 遺族基礎年金では保険料納付期間（厚生年金保険（共済組合等を含む）or国民年金に加入し、保険料を納付した期間）、保険料免除期間（一部免除の場合は必要な保険料を納付していること）、保険料納付猶予期間、合算対象期間（カラ期間）を合算した期間が25年以上必要です。

＊4 受給資格期間とは、年金を受けるために必要な加入期間のことをさします。

② 遺族厚生年金

遺族厚生年金は、厚生年金保険の被保険者または被保険者であった人が次のいずれかの要件に当てはまる場合に、その遺族が受け取ることができます。

【支給要件】

支給要件は亡くなった人の状況によって、「短期要件」と「長期要件」に分けられ、両方該当する場合は、どちらか一方を選択します。たとえば、会社などに長く勤務している厚生年金保険の被保険者で、老齢厚生年金の受給資格期間が25年以上ある人が亡くなった場合には、「長期要件」と「短期要件」の両方に該当することになります。

短期要件：

・厚生年金保険の被保険者である間に亡くなったとき。

・厚生年金保険の被保険者期間に初診日がある病気やけがが原因で、初診日から5年以内に亡くなったとき。

＊初診日とは、亡くなった原因となった病気やけがについて、初めて医師または歯科医師の診療を受けた日をいいます。

・1級、2級の障害厚生（共済）年金を受け取っている人が亡くなったとき。

＊年金額は、亡くなった人の厚生年金の被保険者期間が300月に満たない場合は、300月（25年）とみなして計算します。

長期要件：

・老齢厚生年金の受給権者であった人が亡くなったとき[*1]。

・老齢厚生年金の受給資格期間を満たした人が亡くなったとき[*1]。

＊1　保険料納付済期間（厚生年金保険（共済組合等を含む）or 国民年金に加入し、保険料を納付した期間）、保険料免除期間、保険料納付猶予期間および合算対象期間を合算した期間が25年以上必要です。

＊年金額は、亡くなった人の厚生年金保険（共済組合等の期間含む）の実際の被保険者期間で計算します。

図表14　遺族厚生年金の支給要件

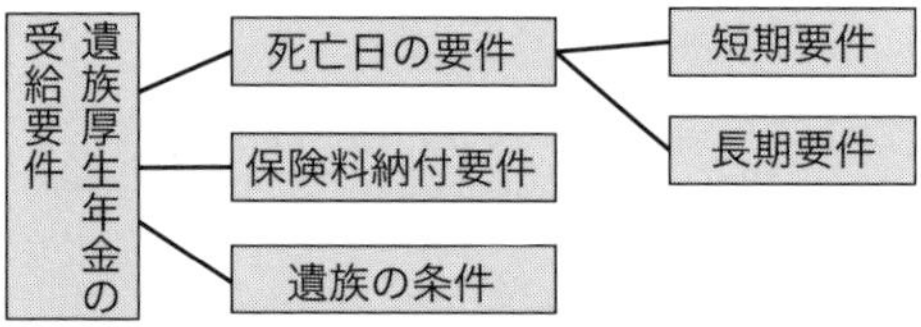

（出所：筆者作成）

短期要件と長期要件の両方を満たす場合には、原則として、短期要件によって年金額が計算されます。しかし、遺族厚生年金を請求したとき、別段の申出をした場合に、長期要件により計算されます。ただし、短期要件を選択するか長期要件を選択するかで、年金の受給額が大きく変わることがあります。たとえば、短期要件を選択すれば、被保険者期間が300月に満たなくても300月分の保険料を支払ったとみなして年金額が算定されます。

一方、長期要件の場合、厚生年金保険の被保険者期間に支払った保険料額によって額が算定されますので、受給資格期間が25年以上でも、厚生年金保険の加入期間が短ければ年金額は少なくなります。つまり、受給資格期間とは、本人が加入していた全保険者の加入期間であり、第1号（国民年金加入）、第2号（厚生年金保険加入）、第3号（国民年金加入）に加入していた場合は、その全被保険者期間の合計になります。

長期要件は、その期間の中で、厚生年金保険に加入していた期間についてのみ年金額の計算をします。したがって、長期要件に該当したからといって、全ての期間が厚生年金保険の加入期間とは限りません。言い換えると、これは厚生年金保険加入期間が25年という意味ではなく、他の被保険者期間（第1号の期間は免除期間、保険料納付猶予期間も含める）を全部含めて25年という意味です。つまり、両方選択できる場合、亡くなった被保険者の厚生年金保険の加入期間が短いのに長期要件を選択すると、短期要件を選択した場合よりも少額になる可能性があります。

その他、あとで、年金の併給について説明しますが、支給事由の違う老齢基礎年金や障害基礎年金など複数の年金を受け取ることができる場合には「1人1年金の原則」により、いずれか1つの年金を選択する必要があります。しかし、65歳以降は支給事由が違っていても併給ができます。たとえば、図表15

図表15　妻が65歳以降に夫の遺族年金を受給するケース

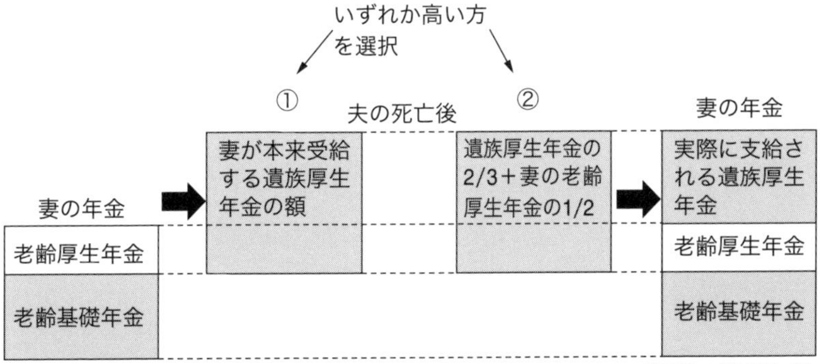

（出所：筆者作成）

のように、自分の老齢厚生年金と遺族厚生年金を同時に受給できる場合、①、②のいずれか年金額の高い方を選択できます。この場合、自分の老齢厚生年金が全額支給となり、①（遺族厚生年金が老齢厚生年金より高い場合にその差額）または②（自身の老齢厚生年金の 1/2＋遺族厚生年金の 2/3 が老齢厚生年金より高い場合にその差額）が遺族厚生年金として支給されます。

なお、老齢厚生年金の額が遺族厚生年金の額を上回る場合は、遺族厚生年金は全額支給停止になります。ただし、老齢基礎年金は減額されず全額支給されます。ちなみに、65 歳前は、「1 人 1 年金の原則」があるので、自分の老齢厚生年金と遺族厚生年金のどちらか有利な方を選択します。

●保険料納付要件

保険料納付要件とは、被保険者または被保険者であった人の亡くなった日の前日に、次のいずれかの要件を満たしていることです。なお、長期要件による遺族厚生年金の要件を満たした人が亡くなったときは遺族厚生年金の保険料納付要件は問われません。

(1) 亡くなった日が含まれる月の前々月までの被保険者期間に、国民年金の保険料納付済期間および免除期間（保険料免除期間と納付猶予期間）、合算対象期間、厚生年金保険の被保険者期間、共済組合の組合員期間の合計が 3 分の 2 以上（つまり未納期間が 3 分の 1 未満）であることが必要です。

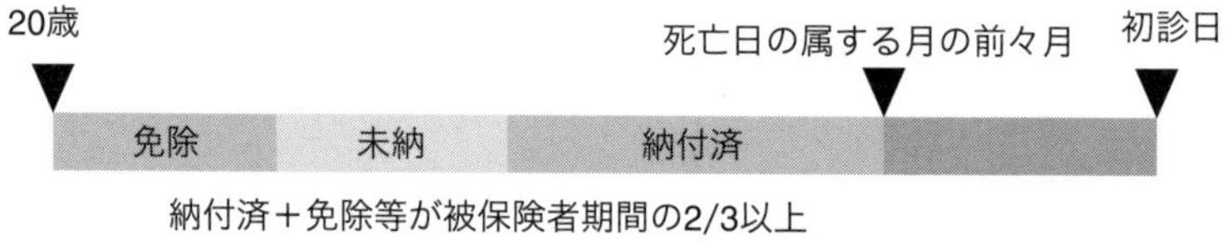

(2) 亡くなった日（2026 年 3 月 31 日までであること）に 65 歳未満であれば、亡くなった日が含まれる月の前々月までの直近 1 年間に保険料の未納がないこと（免除や猶予の期間は未納とされません）。

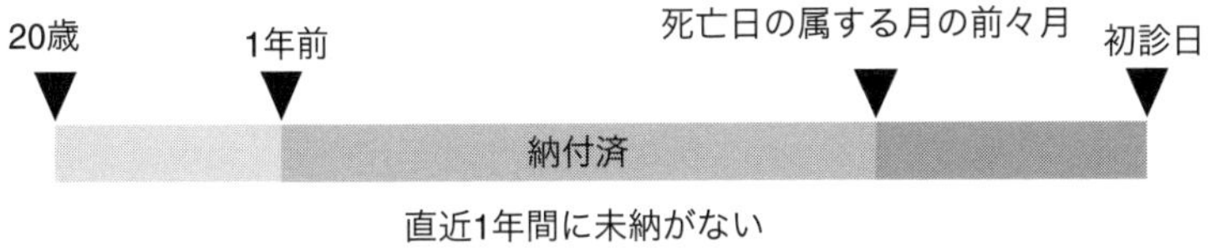

●遺族年金の請求方法

遺族基礎年金・遺族厚生年金を受給するためには、年金の請求手続きが必要です。遺族基礎年金を請求する人は、年金請求書と添付書類、証明資料を市区町村の役所、それ以外は住所地の管轄の年金事務所等に提出します。その後、請求が受理されてから、通常は1〜2か月で「年金証書」、「年金決定通知書」等が自宅へ届きます。そして、「年金証書」が自宅に届いてから1〜2か月後に年金の振込が始まります。偶数月に2か月分、年金請求時に指定した口座に振り込まれます。

遺族年金は、亡くなった人の死亡日の属する月の翌月分から受け取ることができます。そして、受給する権利が消滅するのは、配偶者については、本人が亡くなった時、婚姻をしたとき等で、それに加え、遺族基礎年金については、生計を維持している子が亡くなったとき、直系血族または直系姻族以外の養子になったときなどです。子については、子が亡くなった時、直系血族または直系姻族以外の養子になったとき、婚姻をしたとき、18歳到達年度末日（1、2級の障害のある子が20歳に達したとき）などです。

●寡婦年金

寡婦年金とは、夫を亡くした妻が60歳から65歳になるまで受け取る国民年金独自の給付です。ただし、遺族基礎年金が受け取れない場合に支給されます。また、寡婦年金を受けることができる間に、老齢厚生年金や遺族厚生年金など他の年金を受け取る権利がある場合は、いずれか1つの年金を選択する必要があります。その他、もし、寡婦年金と死亡一時金はどちらも受け取れる場合は、どちらか一方を選択します。どちらも、国民年金独自の給付で遺族基礎年金が受給できない場合に支給されるものだからです。

① 支給要件

(1) 国民年金第 1 号被保険者の保険料納付済期間（任意加入被保険者を含む）と保険料免除期間（カラ期間、猶予期間は入りません。免除の月（半額免除などでも）は 1 か月とカウントします）が合わせて 10 年以上ある夫が亡くなったとき（ただし、平成 29 年 8 月 1 日より前の死亡の場合、25 年以上の期間が必要です）。

(2) 夫によって生計を維持され、かつ、夫との婚姻関係（事実婚を含む）が 10 年以上継続している場合。

② 支給金額

夫の亡くなった日の前日までの第 1 号被保険者（任意加入被保険者を含む）期間から、老齢基礎年金の計算方法により算出した額の 3/4 になります。

【妻が受け取れる年金額】

老齢基礎年金（満額の場合）＝年額 781,700 円（2020 年度の額）

亡くなった夫の老齢基礎年金の計算式

2009年3月以前の期間

$$781{,}700 \times \frac{\text{保険料納付済月数} + \text{全額免除月数} \times 2/8 + \text{4分の1納付月数} \times 3/6 + \text{半額納付月数} \times 4/6 + \text{4分の3納付月数} \times 5/6}{\text{480月（40年）}}$$

2009年4月以降の期間

$$781{,}700 \times \frac{\text{保険料納付済月数} + \text{全額免除月数} \times 4/8 + \text{4分の1納付月数} \times 5/8 + \text{半額納付月数} \times 6/8 + \text{4分の3納付月数} \times 7/8}{\text{480月（40年）}}$$

なお、以下に該当する場合は請求できません。

・夫が障害基礎年金の受給権を有していた場合

・夫が老齢基礎年金を受け取ったことがある場合

・妻が繰上げ受給の老齢基礎年金を受け取っている場合

●死亡一時金

死亡一時金は、国民年金第1号被保険者（任意加入被保険者を含む）の保険料納付済期間が3年以上ある人が亡くなったときに遺族が受け取ることができるものです。案外忘れられがちな制度ですので、覚えておくとよいでしょう。

なお、保険料納付済期間を計算する時に、全額免除の期間はカウントしませんが、保険料納付済期間は1月、4分の1免除期間は4分の3月、半額免除期間は2分の1月、4分の3免除期間は4分の1月とします。

また、亡くなった月の前月までに付加保険料の納付済期間が36月以上ある場合は、上記の金額に8,500円が加算されます。付加保険料とは、国民年金第1号被保険者あるいは任意加入被保険者が、定額保険料に上乗せして納める保険料です（月額400円）。

【注意点】

・死亡一時金を受け取ることができる遺族は、亡くなった人の配偶者、子、父母、孫、祖父母、兄弟姉妹の順番で、亡くなったときに生計を同一（別居可）にしていた人が対象になります。

・亡くなった人が老齢基礎年金、障害基礎年金のいずれかを受け取っていたとき、または遺族基礎年金を受け取ることができる人がいる場合は、死亡一時金を受け取ることはできません。

・死亡一時金は、亡くなった日の翌日から2年を経過した場合、請求することはできません。

・寡婦年金と死亡一時金の両方を受け取ることができる場合は、どちらか一方を選択して受け取ることになります。

図表 16　死亡一時金の支給金額

第 1 号被保険者の保険料納付済月数	金額
36 か月以上 180 か月以上	120,000 円
180 か月以上 240 か月以上	145,000 円
240 か月以上 300 か月以上	170,000 円
300 か月以上 360 か月以上	220,000 円
360 か月以上 420 か月以上	270,000 円
420 か月以上	320,000 円

●他の年金との調整

①　65 歳前の場合

65 歳前に、たとえば、障害基礎年金を受給している人が、老齢基礎年金や遺族基礎年金を受給できるようになったとき、あるいは、遺族基礎年金を受給できる人が、老齢基礎年金や障害基礎年金などを受給できるようになるなど、支給事由の異なる 2 つ以上の年金を受けられるときは、「1 人 1 年金の原則」があるので、全てを受け取ることはできません。その場合、いずれか 1 つの年金を選択する必要があります。また、その際、現在受け取っている年金を継続受給するにしても、新たに受けられる年金の裁定請求を行った方がいいでしょう。なぜなら、年金の請求には 5 年の時効があるからです。まずは、新たな年金の裁定請求手続きを行って受給権を得てから、選択しない年金を支給停止させる

(例)

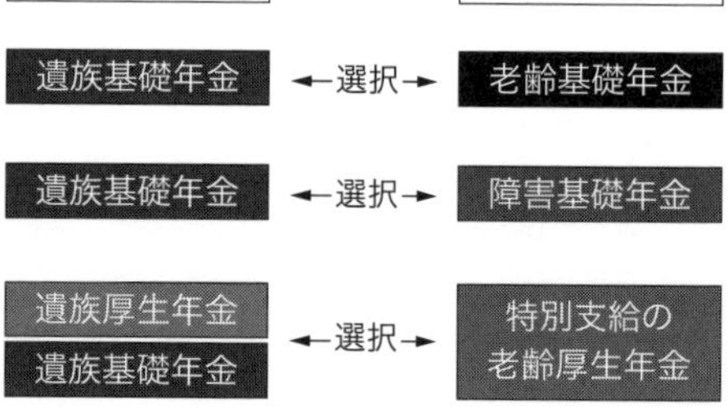

と、時効は免れて、受給権もそのまま残ります。そうすると、あとで、支給停止している年金の方が有利になった場合などに選択替えの手続きをすることができます。

ただし、遺族基礎年金と遺族厚生年金、障害基礎年金と障害厚生年金、老齢基礎年金と老齢厚生年金などは、同じ事由で支払われるため、1つとみなされ併せて受給できます。

② 65歳以降の場合

公的年金は「1人1年金」が原則ですが、65歳以上の人は、遺族厚生年金と自分の老齢基礎年金、老齢厚生年金と障害基礎年金など、支給事由の異なる年金を併せて受け取ることができます。

【老齢基礎年金と遺族厚生年金のケース】

遺族厚生年金の受給権者が65歳以上の場合は、老齢基礎年金と遺族厚生年金を併せて受け取ることができます。詳細は、図表15で説明していますので参照ください。

【障害基礎年金のケース】

前述のとおり、公的年金は「1人1年金」が原則ですので、遺族厚生年金と遺族基礎年金を受けている人が、障害基礎年金の受給権を得たとき、65歳未満の場合は、遺族厚生年金と遺族基礎年金の組み合わせか、あるいは障害基礎年金のどちらか一方しか受け取ることができません。しかし、65歳以降は、特例として、違う支給事由の遺族厚生年金と障害基礎年金を組み合わせて受け取ることができます。この特例は障害基礎年金と障害厚生年金を受け取る人にも適用され、65歳以降は❶の組み合わせで選択できます。

その他、老齢基礎年金と老齢厚生年金を受けている人が、障害基礎年金を受けられるときは、65歳以降は、老齢厚生年金と障害基礎年金を併せて受けることができます。この特例は、障害基礎年金と障害厚生年金を受けられる人にも適用され、❷の組み合わせで選択できます。

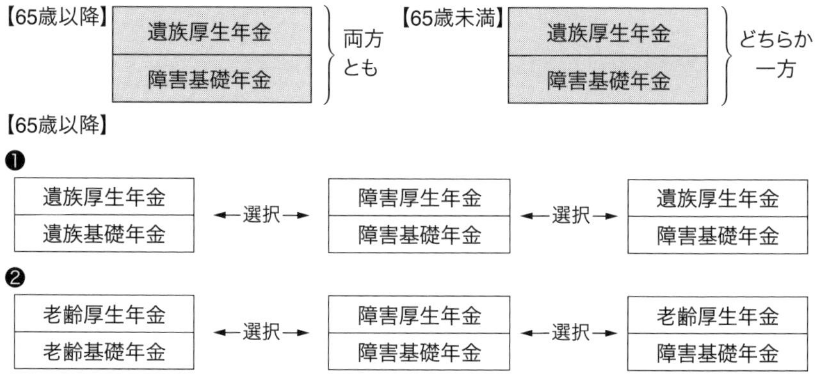

4　未支給年金

年金給付の受給権者が年金を受け取る前に亡くなったとき、あるいは年金（老齢厚生年金、老齢基礎年金、障害厚生年金、障害基礎年金、遺族厚生年金、遺族基礎年金、寡婦年金）を受け取る権利はあったが、請求しないうちに亡くなったときに、亡くなった人と生計を同じくしていたつぎの家族に支給されます。これを未支給年金といいます。

図表17　未支給年金を受け取れる遺族の順位

順位	遺族
1	配偶者
2	子
3	父母
4	孫
5	祖父母
6	兄弟姉妹
7	上記以外の3親等内の親族

●注意点

・未支給年金を受ける順位は、1～7の順です。未支給年金を受けることができる先順位者がいる場合には、後順位者は受け取ることができません。

・未支給年金を受けるべき同順位の遺族が2人以上いる場合であって、そのうち1人がした未支給年金の請求は、残りの遺族も含めて一緒に行ったものであり、未支給年金の全額を請求したとみなされます。

・遺族の年齢制限はありません。

●亡くなった人が年金を受け取っていた場合

年金は年6回、偶数月の15日にその前月までの2か月分が支払われますが、亡くなった人が受け取っていた年金額や亡くなった時期などにより、未支給年金の受け取れる年金額が異なります。

たとえば、つぎの例1は、年金の受給権者が8月20日に亡くなった場合ですが、その人が最後に受け取る年金は、10月15日に支給される8月分になります。年金は、受給権者が亡くなった月の分まで支給されるため、この場合であれば、8月分が未支給年金になります。一方、例2では、9月20日に亡くなったので、8月、9月分が未支給年金になります。

例1：偶数月に亡くなった場合

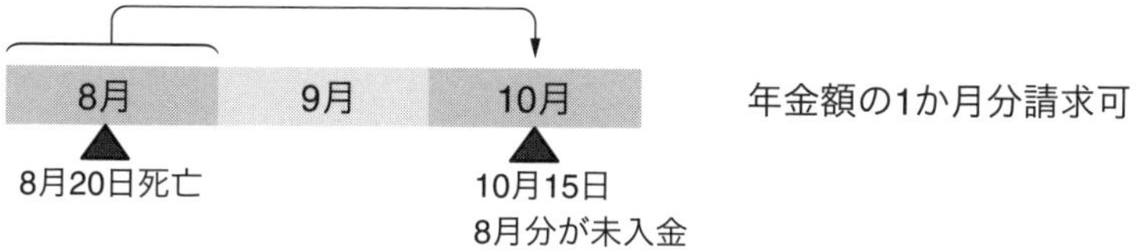

例2：奇数月に亡くなった場合

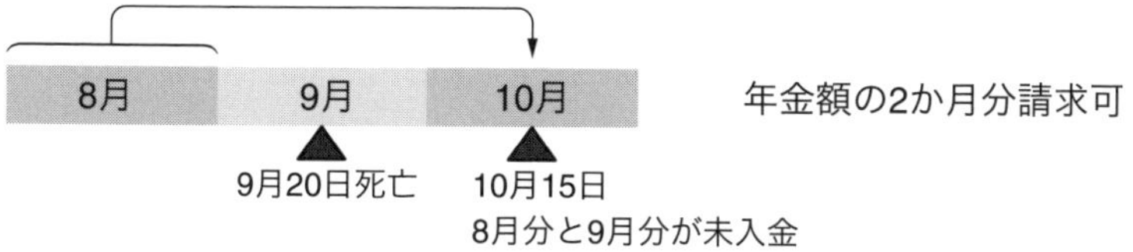

●亡くなった人が年金を請求していなかった場合

亡くなった人が年金を請求していなかった場合には、亡くなった月まで、その年金を受け取ることができる可能性があります。その場合には、未支給年金の請求とあわせて、亡くなった人の年金の裁定請求の手続きも必要になります。

第3章

出産・育児により休業したケース

第1節　女性活躍を支える法律と問題点

女性の活躍には、出産、その後の育児が負担になっていることは昨今変わりませんが、この一定時期をどのように乗り切るのか課題になります。就労環境での男女差別について、これまで、先達がこれを乗り越え、活躍の場を切り開いてきました。男女雇用機会均等法が施行される前は、後押ししてくれる法律もなく、子無しで男性以上に仕事をしないと認められない、そんな時代でした。今でもその名残はあるかもしれません。その理由の1つとして、女性が出産や育児の一定時期に生じるブランクのため、昇進が遅れることや育児のために仕事が今まで通りできないのではないかという会社側の不安があり、未だこの問題は未解決のままです。しかし、労働人口が将来的には減少することが見込まれ、多様な人材を活用していかざるをえないという社会環境の変化や、法律の整備もあって、現在の女性にとっては追い風になっているのではないかと思います。

これまで女性活躍を支援してきた法の軌跡を少し辿ってみると、主に男女雇用機会均等法、育児介護休業法があります。まず、1986年に男女雇用機会均等法が、1992年には育児休業法がつくられ、これが、男女差別を撤廃する方向を示すとともに、仕事と家庭の両立をサポートし、女性が社会で活躍できるような礎を築く役割を担ってきました。

その後、かつて見られた男女をコース別（例えば総合職、一般職）に振り分けるのは、男女雇用機会均等法5条、6条に違反するとされ、1999年に、男女雇用機会均等法は、採用、配置、昇進、教育訓練における男女差別の撤廃に関する努力義務を法的な禁止義務に改定しました。

それから、会社では旧来の男女別のコース制に代わって、性別によらない区分に基づいて処遇に格差をつける、たとえば、転勤のない地域限定社員などの雇用形態を設定し、コース別雇用管理制度を導入しました。これは実質的には形を変えた男女のコース別になっているとの批判もあり、2007年改正の男女雇用機会均等法では、「間接差別」の禁止の規定を設けました。たとえば、「すべての労働者の採用、昇進、配転などにおいて合理的な理由なく転勤を要件とすること」を禁止し、女性の雇用継続を阻害する要因の1つになっている「転勤」について規制しました。合理的な理由がなければ「転勤」の可能性の承諾を採用の条件にできないようにしました。

「間接差別」は、直接的でなくても実質的に性別を理由とする、あるいは差別となるおそれのある措置(注)を業務遂行上や雇用管理上の特段の必要性や合理的な理由がない限り禁止をするように規制するというものです。これにより、形式的には男女差別にはみえないコース別雇用管理についても、「間接差別」にあたると考えられるようになったのです。

この男女雇用機会均等法には罰則が科されるなどの実効性はありませんが、これらの法律に違反し、労働局の指導のもと企業が是正しない場合には、最終的に企業名を公表するという仕組みになっています。

(注) 厚生労働省令で定める措置とは、①労働者の募集又は採用に当たって、労働者の身体、体重又は体力を要件とするもの②コース別雇用管理における総合職の労働者の募集又は採用に当たって、転居を伴う転勤に応じることができることを要件とすること③労働者の昇進に当たり、転勤の経験があることを要件とすること。

一方、両立支援制度として育児介護休業法では、1997年には、介護休業制度の法制化、2002年改正では、小学校就学前までの子を養育する労働者が、育児・介護を理由に労働者が望めば1か月24時間、1年間150時間以上の残業を拒める等の保護規定が設けられました。

また、2005年の改正では就学前の子どもを持つ労働者について、子どもが病気にかかった場合などに年間に1人の子どもにつき5日休暇が取得できる「子の看護休暇」ができました。そして、共働き世帯の増加に伴い、2009年には、男性の育児休業を促進するため、男性が育児休業を取得すれば、最長1年2か月までその世帯では育児休業の取得が可能になりました。

2010年には、子どもが3歳未満の労働者に残業を拒否できる権利や請求すれば労働時間を6時間に短縮することが可能になりました。また、2017年には保育園に入園できない場合に、育児休業を最長2年取得できるように法律が改正されました。

さらに、現在、育児休業後は、原則として原職又は原職相当職に復帰させ、復帰後は降格や不利な配置転換により給与が低下しないように規制しています。

以上の二つの法制度のほかに、10年の時限立法になりますが、2015年9月には、女性活躍推進法が施行され、同法は、女性が職業生活で充分に能力を発揮し、活躍できる環境を整備するよう、従業員が301人以上の企業に対して、問題点を洗い出し、定量的な目標（数値目標)、実施時期、取組内容、取組期間を必須記載事項とする「行動計画」の策定・届出・周知・公表を新たに義務づけました。そして、令和元年6月には、同法が改正され、対象企業を常時雇用する従業員が301人以上から101人以上の企業に拡大したところです。

このように、現在では、女性活躍を後押しする法がさまざま制定されていますが、さかのぼる1970年代では、まだ、専業主婦が主流の時代でした。しかし、少しずつ変化も生じ、第一次産業就業者の減少にともない、家族従事者として家業に従事していた女性が減少し、代わって雇用者が激増してきました。ただし、その多くはパートタイム労働者であり、20代から30代にかけて結婚や育児で退職する女性が多いため、年齢層別労働力率の変化はM字型を描いていました。すなわち、結婚か出産で退職し、子育てに余裕ができたら再就職するというのが、家族責任との抵触を望まない日本女性の典型的な働き方でした。そして、男女の役割分担意識を前提とした雇用システムとそれを前提とした男女の職業意識が存在していました。

また、労働基準法では女性労働者に対し、休日労働、深夜労働（午後10時～午前5時）を禁止し、時間外労働も制限していました。これは、一方では女性の働く機会を制限することにもなるわけですが、いわばこの均等的理念と矛盾する労働基準法の深夜労働禁止等の女性保護規定を、女性が事実上多くの家庭の責任を負っているという現実の前でなかなか撤廃できない状況にありました。

しかし、1999年4月から原則として妊産婦の女性労働者以外は、男性と同様に、深夜や休日、時間外労働に従事できることになりました。そして、前述した法の制定や改正と、社会環境や家族のあり方等が変化し、現在では、女性の労働力率もM字型の底が上がり、その部分の多くは、非正規労働者の増加ですが、欧米のようにほぼ台形型になってきています。このように時代が変化し、女性活躍を推進するような法改正が徐々に進められ、少しずつ女性の活躍の場が広がるように整備されてきたと言えます。

しかしながら、一方で男女の賃金格差は依然としてあります。1990年代後半から賃金が高かった大企業の正社員の大幅なリストラ等や男性の賃金の上昇率が鈍化し、対して女性の賃金が微増したことで、1980年頃は約5割強だった男女の賃金格差が、現在では約7割と少し縮小されています。しかし、欧州の多くが男性労働者の8〜9割であるのと比較すると、まだ日本の格差は大きいことがわかります。

その要因をいくつか挙げれば、こうした賃金格差が生じるのは、労働市場が産業・職種・企業規模・雇用形態などによって男性は中核的労働市場に女性は周辺的労働市場に分断されており、それぞれの労働市場への男女の労働配置に偏りがあったからとされています。例えば、管理職以上の上位ポストや高給な職種は男性が多く、非正規労働者は女性が多いことなどがあげられます。また、かつては、各労働市場は閉鎖的で、周辺労働市場へ配置された者が中核的労働市場へ参入することは難しく、女性労働者の多くはこの周辺労働市場に位置していました。

2018年12月28月に施行された「同一労働同一賃金ガイドライン」も、男女の性差は対象外です。そこが、国際標準である「同一価値労働同一賃金」原則とは違う点です。本来この目的は、女性労働者の低賃金を引き上げるための原則の定立でした。そして、その格差是正のため、労働の価値は、できるだけ公正、公平に評価できるように「職務」を基準とし、職務評価によって決めることを推奨しています。一方、日本では、能力評価を中心にした人事評価制度が多く、結果として曖昧な評価となってしまうことが多いうえ、性差はガイドラインの規制の対象となっておらず、正規従業員と非正規従業員の格差是正が目的です。それゆえ、未だに、男女の賃金格差においては根本的な解決には至っていません。

第2節　妊娠、出産等の時期を支える法律

問題は残されていますが、このように女性が活躍するための法が整備され、そして、以前のように妊娠しても会社を辞めずに働き続けることがむしろあたりまえのような社会的風潮になってきました。また、子どもが小さい一定の時期を夫婦で乗り越えれば、その方が、生涯を通じて、経済的な面も安定すると考えられるなど、さまざまな環境や個人の考え方の変化などがあり、共働き世帯が増加して、妊娠・出産等を理由に退職する割合が約6割まで低下してきました。

図表1は、妊娠から復職後までの時期を支える法律や制度についてまとめたものです。妊娠から育児休業を取得し、復帰後まで、さまざまな保護と利用できる制度があります。

まず、妊娠中あるいは産後については、労働基準法や男女雇用機会均等法に妊産婦の母性健康管理に必要な規定や措置が定められています。

労働基準法では、妊産婦に有害な業務に就かせることを禁止しています（労働基準法64条の3)。また、妊娠中の女性が他の軽易な業務に転換することを請求した場合（労働基準法65条3項）や、妊産婦が時間外労働や休日労働、深夜労働をしないと請求した場合には、会社は応じる義務があります（労働基準法66条2項)。

男女雇用機会均等法12条、13条では、会社は、妊産婦が保健指導・健康診査を受けるために必要な時間を確保し、医師等による指導事項を守ることができるように、必要な措置を講じるように規定しています。

【必要な時間の確保】

妊娠中	妊娠 23 週まで	4 週間に 1 回
	妊娠 24 週から 35 週まで	2 週間に 1 回
	妊娠 36 週以後出産まで	1 週間に 1 回
産後 （産後 1 年以内）	医師等が保健指導または健康診査を受けることを指示したときは、その指示により必要な時間を確保できるようにしなければならない。	

【必要な措置】

・妊娠中の通勤緩和（時差通勤、勤務時間の短縮、通勤経路変更等）

・妊娠中の休憩に関する措置（休憩時間の延長、休憩回数の増加等）

・妊娠中又は出産後の症状等に対応する措置（作業の制限、休業等）

また、もし、妊娠後から産前産後休業に入るまでの間に、切迫流産のおそれや重症妊娠悪阻などで体調が悪くなり、就労が難しくなったときに、会社に休職制度があれば、利用すると良いでしょう。その期間中（欠勤した期間）は、医師が労務不能であると証明すれば、健康保険組合等から傷病手当金が支給されます。傷病手当金については、第 5 章で詳細を説明します。

つぎに、出産日が近づいてくると産前産後休業を取得することができます。子どもの出産予定日を起点にして、産前 6 週間（双子以上の場合は 14 週間）、産後 8 週間の産前産後休業を取得することができます。ただし、産後 6 週間を過ぎた後、本人が請求し、医師が認めた場合は就業できます。なお、出産当日は産前休業に含まれるので、実際の出産日が予定日より遅れた場合は出産日までが産前休業となります。

そして、産前産後休業後は、引き続き、原則として、子が 1 歳になるまで育児休業を取得することができます。ただし、保育所等の利用を希望しているものの、子どもを保育所等に預けられないといった事情等がある場合は 1 歳 6 か月、さらに状態が解消しない場合は、2 歳まで休業を延長することができます。また、両親ともに育児休業を交代で取得する場合に、一定の要件を満たせば、子どもが 1 歳 2 か月まで取得できます。

ちなみに、女性の育児休業の取得率は100人未満の会社では少し下がりますが、現在では約9割を推移しています。しかし、男性の育児休業の取得率は10%にも満たないのが現状です。家事・育児の負担が女性に偏っているというデータも一方でありますので、もう少し、男性の育児休業の取得率の向上とともに、その点の改善がされると良いのかもしれません。

そして、有期雇用労働者も育児休業の取得が可能です。育児休業を取得できる有期雇用労働者の範囲は、申出の時点で、次の両方を満たす従業員です。ただし、会社が労使協定により1週間の所定労働日数が2日以下の労働者等を除外している場合は申出を拒むことができます。また、正社員も労使協定で入社後1年未満の労働者を除外できます。しかし有期雇用労働者等が産前産後休業から復職した時点で、入社して1年に満たない場合でも、職場復帰後に継続勤務して1年に達した場合には、そこから子どもが1歳の誕生日の前日まで育児休業を取得することができます。

◇子が1歳6か月に達する日までに、労働契約（更新される場合には、更新後の契約）の期間が満了することが明らかでないこと
◇同一の事業主に引き続き1年以上雇用されていること

図表１　妊娠から復職後までの利用できる制度のまとめ

	保護の内容	取得可能な休業・休暇の種類	給　付	保険料等の優遇
妊娠中	・妊婦の軽易業務への転換 ・妊産婦の危機有害業務の就業制限 ・妊産婦の母性健康管理に必要な措置 ・時間外・休日労働・深夜業の制限（妊産婦が要求した場合） ・変形労働時間制の適用制限（1日8時間、1週40時間を超えてはならない） ※妊婦とは妊娠中の女性 ※妊産婦とは妊娠中および産後1年を経過しない女性	——	休職した場合、要件に該当すれば傷病手当金の受給可	——
産前6週間（双子以上は14週間）		産前休業	出産手当金（標準報酬月額のおおむね2/3）	会社、本人免除
出産日		産前休業	出産手当金 出産育児一時金	会社、本人免除
産後8週間		産前休業	出産手当金	会社、本人免除
1歳	——	育児休業	育児休業給付（開始から180日まで給付率67％、181日以降は給付率50％）	会社、本人免除
1歳2か月				
1歳6か月				
育児休業の復帰後から3歳未満（小学校就学前）まで	・申し出た場合、所定外労働の制限（3歳未満まで） ・申し出た場合、時間外労働、深夜労働の制限（小学校就学前まで可） ・短時間勤務（3歳未満まで）	子の看護休暇の取得（1年度につき5日（2人以上の場合は10日）（小学校就学前まで）	——	養育特例（年金額計算の優遇）（3歳未満まで）

第3節　産前産後休業から育児休業までの社会保険料と給付について

次に、妊娠から出産を経て育児休業後までの各期間の社会保険料や給付について説明します。妊娠や出産は病気ではありませんので、健康保険の対象外となります。ただし、重症妊娠悪阻・切迫流産・帝王切開・死産等は療養の給付、傷病手当金、限度額適用認定の対象となる場合があります。

1　産前産後休業中の保険料と給付について

●保険料

産前産後休業中の社会保険料（厚生年金保険料・健康保険料）の会社負担分及び本人負担分は免除になります。

産前産後休業とは、前述のとおり、出産の日（出産の日が出産の予定日後であるときは、出産予定日）以前42日（多胎妊娠の場合は98日）から出産の日後56日目までの間で、妊娠又は出産を理由として休業している期間をいいます。そして、産前産後休業開始月から終了予定日の翌日の月の前月（産前産後休業終了日が月の末日の場合は産前産後休業終了月）までの期間の保険料が免除されます。なお、出産予定日と実際の出産日がずれることも多いので、出産日が確定してから保険料の免除の手続きをした方が、申請を修正する手間が省けます。

●給付金

①　出産手当金の支給要件

産前産後休業の期間は健康保険組合等から出産手当金が支給されます。出産手当金とは、被保険者が出産のため就業しなかった期間の生活費として給付されるもので、産前産後休業で就業しなかった期間（欠勤した期間）について給付されます。

対象者は、以下のすべてに該当することが必要です。

◇健康保険の被保険者が出産したこと
◇妊娠４か月（85日）以上の出産であること
◇出産のため仕事を休み、給与（報酬）の支払いがない、又は、その支払いが出産手当金より少ないこと。

また、出産手当金は、退職後でも、資格喪失日前日まで継続して１年以上被保険者の資格を有していることに加え、以下のすべての要件を満たしていると、給付を引き続き受給することができます。

◇1年以上被保険者期間があり、退職時に出産手当金を受けていたか、受けられる状態（休んでいるが給与が支給されている場合など）であること（退職日にたとえ半日でも勤務した場合は対象になりません）
◇出産日又は出産予定日から42日前の日が在職中であること

② 給付金額

給付金額は、支給開始月以前の12か月の標準報酬月額(注)を平均した額で算定されます。具体的には、次の算式のとおり、1日当たりの額は支給を始める日の属する月以前の直近の継続した12か月間の各月の標準報酬月額を平均し、それを30で除した額の3分の2になります。これに、休業の日数をかけると給付金額が算出されます。

(注) 標準報酬月額とは、被保険者が事業主から受ける毎月の給料などの報酬の月額を区切りのよい幅で区分したもので、保険料の額や保険給付の額を計算する際に使用します。

$$\text{支給開始日以前の継続した12か月間の各月の標準報酬月額を平均した額}^{*} \div 30 \times \frac{2}{3} = \text{1日あたりの額}$$

＊支給開始日とは、最初に給付がされた日

なお、支給開始日以前の期間が12か月に満たない場合、1日当たりの金額は、次に掲げる額のうち、いずれか少ない額を30で除した額の3分の2になります。

① 支給を始める日の属する月以前の直近の継続した各月の標準報酬月額を平均した額
② 支給を始める日の属する年度の前年度の9月30日における全被保険者の同月の標準報酬月額を平均した額

2 出産時の給付について

出産時は、出産育児一時金（被保険者が扶養する家族が出産したときは、家族出産育児一時金）が支給されます。出産の際の費用を医療機関等の窓口で支払う負担を軽減するために、医療機関等が被保険者に代わり、出産育児一時金等の申請手続き及び給付金の受け取りを直接、健康保険組合等との間で行う「直接支払制度」があります。医療機関等は被保険者との間で「直接支払制度」の利用について書面により合意することにより、出産育児一時金の額420,000円（産科医療補償制度対象分娩でない場合は404,000円）を限度として健康保険組合（全国健康保険協会含む。以下「健康保険組合等」という）に出産費用の請求を行います。さらに健康保険組合には、付加金の給付が別途ある場合があります。

もし、「直接支払制度」を利用し、出産費用が420,000円以内であったとき（産科医療補償制度対象分娩でない場合は404,000円）は、医療機関等の窓口での支払いはありません。出産費用と420,000円（産科医療補償制度対象分娩でない場合は404,000円）の差額を健保組合等に請求します。また、「直接支払制度」を利用し、出産費用が420,000円を超えたとき（産科医療補償制度対象分娩でない場合は404,000円）は、超えた費用を医療機関等に支払います。

「直接支払制度」を利用しない場合は、退院時に医療機関等でかかった費用を支払い、後日、出産育児一時金の申請を健保組合等に行います。

3　育児休業期間中の社会保険料と給付について

●保険料

育児介護休業法による満3歳未満の子を養育するための以下の育児休業等期間について、健康保険・厚生年金保険の保険料の被保険者・事業主負担分が免除されます。手続きについては、被保険者から育児休業等取得の申出があった場合、事業主が「育児休業等取得者申出書」を日本年金機構広域事務センター（および健保組合）へ提出します。また、1歳から1歳6か月、さらに2歳など育児休業を延長する際には、休業期間の変更申請手続きが必要になります。

もし、被保険者の育児休業等期間が申請した終了予定日前に終了した場合には、事業主は「育児休業等取得者終了届」を日本年金機構広域事務センター

（および健保組合）へ提出します。

① 1歳に満たない子を養育するための育児休業

② 1歳から1歳6か月に達するまでの子を養育するための育児休業

③ 1歳6か月から2歳に達するまでの子を養育するための育児休業

④ 1歳（上記②の場合は1歳6か月、上記③の場合は2歳）から3歳に達するまでの子を養育するための育児休業の制度に準ずる措置による休業。

この休業は、例えば、法律以上の育児休業制度を会社で規定している場合に、子どもが3歳になるまでの期間は保険料が免除されることを指します。

保険料の徴収が免除される期間は、育児休業等開始月から終了予定日の翌日の月の前月（育児休業終了日が月の末日の場合は育児休業終了月）までです。免除期間中も被保険者資格に変更はなく、年金の計算のうえでは、育児休業等取得直前の標準報酬月額が用いられます。

●給付金

育児休業期間中には、無給になった場合に生活を補償するための制度があり、育児休業給付金が支給されます。支給要件は、次のとおりです。

① 育児休業給付金の支給要件

1歳（一定の要件を満たす場合は1歳2か月、延長事由に該当する場合は1歳6か月又は2歳）に満たない子を養育するために、育児休業を取得し、以下の要件を満たした場合に支給されます。

◇雇用保険の被保険者であること

◇育児休業開始前原則2年間に、賃金支払基礎日数（基本給が支給された日数）が11日以上ある月が12か月以上あること。

＊ 「①雇用保険に加入していた前職との間が1年以上空いていないこと、②前職にかかる基本手当を受給していないこと」の要件を満たせば、前に勤務していた会社での被保険者期間を通算できます。

◇育児休業中の各支給単位期間に就業した日数が、月に10日以下である

こと

◇各支給単位期間に支払われた賃金がある場合、休業開始時の賃金と比較して80%未満であること

＊支給単位期間とは、休業開始日から、翌月の休業開始日に応当する日の前日までの1か月のこと

受給期間は産後休業が終了した日の翌日から、子が1歳（一定の要件を満たす場合は1歳2か月、延長事由に該当する場合は1歳6か月又は2歳）に達する日の前日（誕生日の前々日）までの期間（男性は出産日から対象となる）になります。1歳6か月及び2歳の延長申請の際には、市区町村が発行した保育所等の入所保留の通知書（不承諾通知書）など、当面保育所に入所できない事実を証明する書類の提出が必要です。

②　給付金額

給付金額は以下の計算で算出されます。ただし、各支給対象期間中に賃金が支払われた場合、その額と「賃金日額×支給日数」の67％相当額（休業から181日以降は50%相当額）の合計額が、「賃金日額×支給日数」の80％を超えるときには、その超えた額が減額されて育児休業給付金として支給されます。また、支給された賃金のみで「賃金日額×支給日数」の80％に相当する額以上になるとき、育児休業給付金は不支給となります。

$$\text{賃金日額}^{*1}\times\text{支給日数}^{*2}\times\frac{67\,\%^{*3}}{(50\,\%)}=\text{給付額}$$

＊1　育児休業開始前6か月間の賃金の合計額を180で割った金額をもとに算定されます。

＊2　1回の支給単位期間は30日ですが、育児休業終了日を含む支給単位期間は、その支給単位期間の初日から終了日までの暦日数です。なお、支給単位期間の途中に雇用保険の資格喪失日があると、その支給単位期間は支給されません。

＊3　休業開始日から180日までの給付率は67%、181日以降は50%になります。

なお、支給申請は、原則として、支給単位期間ごとに、2か月に1度、ハロー

ワークに「育児休業給付支給申請書」（初回のみ雇用保険被保険者休業開始時賃金月額証明書）を提出）と賃金台帳、出勤簿を添えて申請します。2回目以降の申請では、「育児休業証明書」を作成し、その中に、申請する期間について、休業していたこと、無給であったことを記載しておけば、賃金台帳、出勤簿の添付は必要ありません。

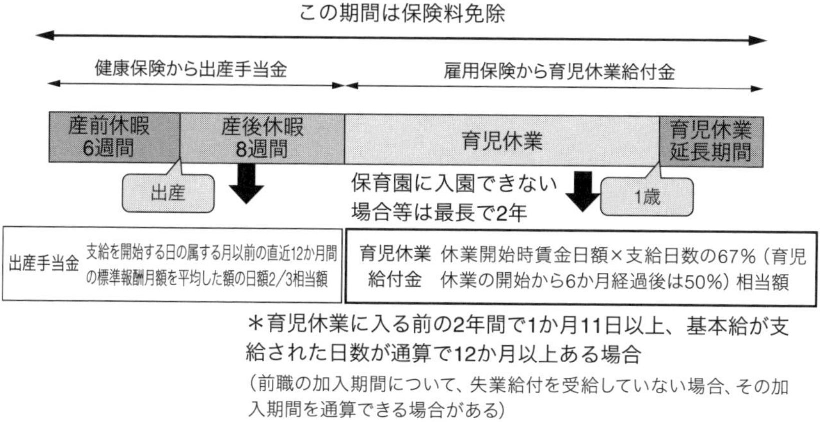

また、給与が支給されていない場合は、雇用保険料の支払いはありません。

4　育児休業終了後の手続き

●産前産後休業、育児休業終了後の標準報酬月額変更について

産前産後休業又は育児休業等を終了した後、短時間勤務などで一時的に報酬が低下した場合、従業員が実際に受け取る報酬の額と標準報酬月額がかけ離れた額になることがあります。このため、変動後の報酬に対応した標準報酬月額とするため、産前産後休業を終了したとき又は育児休業等を終了したときに標準報酬月額の改定をすることができます。標準報酬月額は、育児休業等終了日の翌日が含まれる月以降の3か月間に受けた報酬（支払基礎日数が17日（特定適用事業所に勤務する短時間労働者は11日）未満の月は除く）の平均額により決定し、1等級以上の差が生じていれば、その翌月から改定されます。これに

より、実際の報酬に応じた標準報酬月額（保険料負担）となります。なお、短時間就労者（パート）に係る支払基礎日数の取扱いについては、3 か月のいずれも 17 日未満の場合は、そのうち 15 日以上 17 日未満の月の報酬月額の平均によって算定します。

決定された標準報酬月額は、1〜6 月に改定された場合、再び随時改定等がない限り、当年の 8 月までの各月に適用されます。また、7〜12 月に改定された場合は、翌年の 8 月までの各月に適用されます。手続きは、事業主が「育児休業等終了時報酬月額変更届」を日本年金機構広域事務センター（および健保組合）へ提出します。

なお、ここで出てきた用語の定義は、以下のとおりです。

○支払基礎日数……各月の暦日数。月給制で欠勤日数分に応じ給与が差し引かれる場合は、就業規則等に基づき事業所が定めた月の給与支払い日数から欠勤分を除した日数。

○特定適用事業所……法人事業所の場合は、同一の法人番号を有するすべての適用事業所に使用される厚生年金保険の被保険者の総数が 12 か月のうち、6 か月以上 500 人を超えることが見込まれる場合を指します。

○短時間労働者……勤務時間・勤務日数が常時雇用者の 4 分の 3 未満で、かつ、①〜⑤すべてに該当する従業員をいいます。① 1 週間の所定労働時間が 20 時間以上である② 1 年以上の雇用見込がある③月の給料が 88,000 円（残業手当、通勤手当、ボーナス等は含めず）以上である④学生（夜間、通信、定時制を除く）でない。

○短時間就労者……1 週間の所定労働時間が、一般社員の 4 分の 3 以上でかつ、1 か月の所定労働日数が一般社員の 4 分の 3 以上である。

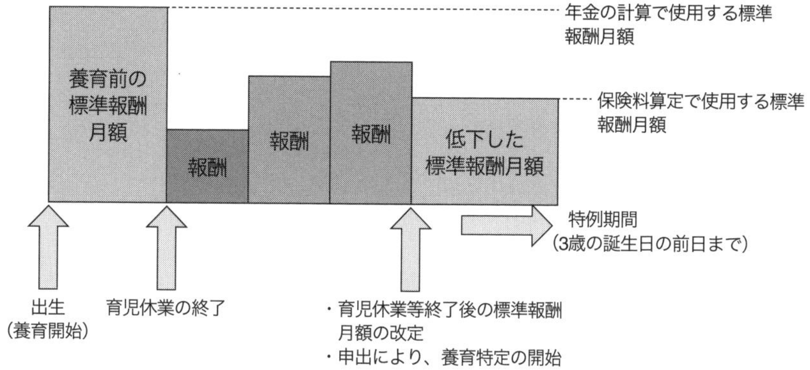

●養育期間の従前標準報酬月額のみなし措置

子が3歳までの間、短時間勤務などを選択することで給料が低下し、それにともない標準報酬月額が低下した場合、その期間中は子が生まれる前の標準報酬月額（従前標準報酬月額という）に基づいて年金額を計算する仕組みが設けられています。これは、養育期間中の報酬の低下が将来の年金額に影響しないようにするための措置です。対象となる期間は、3歳未満の子の養育開始月から3歳到達日の翌日の月の前月まで等です。

また、子の養育を始める前に退職し、その後対象期間内に再び働き始めた場合などは、子の養育を始めた月の前月より直近1年以内で、最後に被保険者であった月の標準報酬月額が、従前標準報酬月額とされます。その月前1年以内に被保険者期間がない場合は、みなし措置は受けられません。もし、被保険者の申出があった日よりも前に養育期間がある場合には、養育期間のうち申出日が含まれる月の前月までの2年間について、さかのぼってみなし措置が認められます。

手続きは、3歳未満の子を養育する被保険者あるいは被保険者であった人で、養育期間中の各月の標準報酬月額が、養育開始月の前月の標準報酬月額を下回る場合、被保険者が「厚生年金保険養育期間標準報酬月額特例申出書」を事業主経由で提出します。

申出時にすでに退職して被保険者資格を喪失していた場合は、被保険者であった本人が直接年金事務所に申出をすることになります。

図表2　出生・育児に関する諸手続一覧表

手続事由	手続内容	提出書類名	提出先	添付書類	提出者	提出期限	備考
子の出生時	出生の届出	出生届	市区町村役場	出生証明書	本人	14日以内	＊＊＊
	健康保険証作成	被扶養者異動届	日本年金機構広域事務センター or 健康保険組合	＊＊＊	会社	速やかに	＊＊＊
	出産育児一時金の請求（※1）（直接支払制度利用）	健康保険出産育児一時金内払金支払依頼書・差額申請書	健康保険組合 or 協会けんぽ	・直接支払制度利用に関する合意書のコピー ・領収書・明細書のコピー等	本人	＊＊＊	出産費用は、医療機関の窓口で精算（健保組合の場合付加給付有）
産前産後休業時	保険料免除の申請	産前産後休業取得者申出書／変更（終了）届	日本年金機構広域事務センター and （健康保険組合）	＊＊＊	会社	速やかに	産前産後休業の期間
産後56日以降	出産手当金の請求	出産手当金支給申請書	健康保険組合 or 協会けんぽ	賃金台帳、出勤簿のコピー	会社	2年以内	産前42日から産後56日まで申請可能
育児休業取得時	保険料免除の申請	育児休業取得者等申出書（新規）	日本年金機構広域事務センター and （健康保険組合）	＊＊＊	会社	速やかに	1歳の誕生日の前月分まで免除

	休業の登録	休業開始時賃金月額証明書 育児休業給付受給資格確認票	ハローワーク	賃金台帳、出勤簿のコピー、母子手帳、通帳のコピーなど	会社	育児休業開始日から4か月を経過する日の属する月の末日まで	＊＊＊
	給付金の請求	育児休業基本給付金申請書	ハローワーク	賃金台帳、出勤簿のコピー	会社	2か月ごとに指定期日までに申請	1歳(延長の場合1歳6か月、2歳)に達する日の前日分まで
職場復帰時(予定日前に復帰した場合)	保険料免除の終了	育児休業等取得者終了届	日本年金機構広域事務センター and (健康保険組合)	＊＊＊	会社	速やかに	復帰日の前月分まで免除
職場復帰後、3歳未満の子を養育し収入減のとき	養育期間中の厚生年金特例扱い	養育期間標準報酬月額特例申出書	日本年金機構広域事務センター	戸籍抄本、住民票	会社	速やかに	子が3歳に達するまでの措置
職場復帰から4か月後(勤務時間短縮などの収入減)	標準報酬月額の変更	育児休業等終了時報酬月額変更届	日本年金機構広域事務センター and (健康保険組合)	＊＊＊	会社	復帰した月から3か月経過後	報酬月額1等級下落でも変更可

※1　出産費用が42万円未満の場合、その差額(例えば、かかった費用が40万円だった場合、その差額の2万円)は、本人が医療保険者に請求すれば受け取ることができます。
※　健康保険組合によって、書類の名称や、添付書類が異なる場合があります。

第4節　妊娠・出産、育児休業、介護休業取得等による不利益な扱いについて

妊娠・出産あるいは育児、介護休業を取得すること等に関する否定的な言動が頻繁に行われるなど、制度等の利用や休業の請求をしにくくなることを防止

するために、育児介護休業法や男女雇用機会均等法では、下記のような禁止を行っています。なお、ここでは次章の内容である介護休業等の取得などについても扱いが同じであるため、一緒に説明します。

育児介護休業法で、事業主は、育児休業、介護休業、子の看護休暇、介護休暇、所定外労働の制限、所定労働時間の短縮措置等、時間外労働の制限及び深夜業の制限について、その申出をしたこと又は取得等を理由として、労働者に対して解雇その他不利益な取扱いを禁止しています。つまり、育児休業等の申出又は取得をしたことを契機として、不利益取扱いが行われた場合、原則として、法違反となります。また、同法25条では、育児休業、介護休業、その他子の養育又は家族の介護に関する制度又は措置の利用に関する言動により、労働者の就業環境が害されることがないよう、ハラスメントの禁止も規定しています。

また、男女雇用機会均等法9条では、婚姻、妊娠、出産等を理由とする不利益取扱いの禁止を定めています。例えば、妊娠中の女性労働者及び出産後1年を経過しない女性労働者に対してなされた解雇は、無効としています。また、同法11条の2では、妊娠したこと、出産したこと、産前産後休業を請求し、又は休業をしたこと、その他の妊娠又は出産に関する言動により就業環境が害されることのないようにハラスメントの禁止を規定しています。「マタニティ・ハラスメント」と呼ばれる問題です。

2014年には妊娠、出産にともなう、不利益な取扱いについての重要な最高裁の判決が出ています。以下は、その概要です。

広島中央保険生活協同組合事件（最判平成26.10.23 労判1100号5頁）

【事案の概要】

病院の理学療法士として勤務する従業員が妊娠したため、労働基準法65条3項(注1)に基づいて軽易業務への転換を請求した。その結果、職場を異動し、これまでの副主任の役職を免ぜられた。その後、育児休業が明けて復職になっても、副主任に任ぜられなかったことで、当該女性が副主任の役職を免ぜられたことは、男女雇用機会均等法９条３項(注2)に違反し、無効である。また、育児休業明けに副主任に任ぜられなかったのは、育児介護休業法10条(注3)に違反する無効なものであると主張し、副主任手当の支払い及び損害賠償請求を求めた事件である。

【判決の要旨】

最高裁は、女性労働者につき、妊娠・出産・産前産後の休業又は軽易業務への転換等を理由として解雇その他不利益な取扱いをすることは、男女雇用機会均等法９条３項に違反するものとして違法であり、無効であると判断した。

ただ例外的に、①その労働者が自由な意思に基づいてその不利益な取扱いを承諾したと認めることができる合理的な理由が存在するとき、又は②事業主がその労働者に対し、不利益な措置をとることなく、例えばほかの軽易な業務への転換をさせることが円滑な業務運営や人員の適正配置の確保などの業務上の必要性からみて支障がある場合など、当該措置が同項の趣旨及び目的に実質的に反しないものと認められる特段の事情が存在するときは、同項の禁止する取扱いに当たらないものと判断した。

(注)

1　同条では、「使用者は、妊娠中の女性が請求した場合においては、他の軽易な業務に転換させなければならない」と規定している．

2　女性労働者に対し、妊娠、出産、産前産後休業の請求、産前産後の休業その他の妊娠又は出産に関する事由であって厚生労働省令で定めるものを理由として解雇その他不利益な取扱いをしてはならない旨を定めている。

3　同条では、「事業主は、労働者が育児休業の申出をし、又は育児休業をしたことを理由として、当該労働者に対して解雇その他不利益な取扱いをしてはならない」と規定している．

この判決は、事業主の人事に関する措置の有効無効を評価する際に、男女雇用機会均等法９条３項がその根拠となることを示したところに意義があるとされています。すなわち、男女雇用機会均等法９条３項に違反をするような取扱いは、許されないという姿勢を示しました。

その後の厚生労働省の通達（平成27年1月23日付　雇児発0123第1号）、それを受けた「妊娠・出産・育児休業等を契機とする不利益取扱いに係るＱ＆Ａ」（同年3月31日付）では、妊娠・出産から1年以内の不利益取扱い、あるいは育児休業の終了から1年以内の不利益取扱いは、原則として違法無効と考え、業績悪化などの業務上の必要性や事業主が適切な説明を行ったうえで、本人が同意しているなどの例外的な事情がある場合は、会社に説明を求めていくこととしています。

図表3　仕事と育児の両立支援制度

制　　度	内　　　　容
産前産後休業	産前休業は、出産予定日以前6週間（ただし、双子以上の場合は14週間)。出産日が出産予定日より遅れた場合は、出産日までが産前休業。産後休業は、出産日の翌日以後8週間。ただし、産後6週間を経過し本人が就業を希望し医師が支障なしと認めた場合、就業可。
育児休業	子が1歳に達する日まで取得可。ただし、子が保育園に入所できない、配偶者の死亡、離婚等で子を養育することが困難になった場合は1歳6か月まで、さらに同様の理由がある場合は2歳まで取得可能。パパ・ママ育休プラスは子が1歳2か月に達するまで。 ただし、有期契約の場合は、①同一の事業主に1年以上雇用されていること、②子が1歳6か月（再延長の際には2歳）になるまで雇用契約が終了することが明らかでないこと。の要件が必要。また、労使協定により、入社1年未満の者、1週間の所定労働日数が2日以下の者、育児休業申出の日から1年以内に退職することが明らかな場合は申出を拒むことができる。
子の看護休暇	子が負傷し、もしくは疾病にかかった子の世話をするためあるいは、予防接種や健康診断を受けさせるために1年度につき5日（2人以上の場合は10日）まで取得可。有期契約労働者も取得できる。ただし労使協定により入社6か月未満の者、1週間の所定労働日数が2日以下の者は対象外にできる。半日単位の取得も可。

所定外労働（所定労働時間超）の制限	3歳未満の子を養育する従業員が、請求した場合、残業を免除できる。 有期契約労働者も請求できる。ただし労使協定により、入社1年未満の者、1週間の所定労働日数が2日以下の者は対象外にできる。
時間外労働（法定労働時間8時間超）の制限	小学校入学前の子を養育する従業員が請求した場合、時間外労働の上限を1か月24時間、1年150時間までに制限できる。有期契約労働者も請求できる。労使協定がなくても入社1年未満の者、1週間の所定労働日数が2日以下の者は対象外。
深夜業の制限	小学校入学前の子を養育する従業員が請求した場合、午後10時から午前5時までの深夜労働の時間を制限できる。有期契約労働者も請求できる。労使協定がなくても入社1年未満の者、1週間の所定労働日数が2日以下の者は対象外。
所定労働時間短縮等の措置	①3歳に満たない子を養育している従業員である、②日々雇用される者ではない、③1日の所定労働時間が6時間以下ではない、の要件を満たす従業員は、短時間勤務ができる。ただし、短縮した勤務時間の選択肢の中に6時間を入れておかなければならない。有期契約労働者も利用できる。労使協定により、入社1年未満の者、1週間の所定労働日数が2日以下の者、業務の性質又は業務の実施体制に照らして、短時間勤務制度を導入することが困難と認められる業務に従事する労働者は対象外にできる。

第4章

介護により休業したケース

第1節 介護の現状と問題

この章では、介護家族を抱える従業員をテーマに述べます。超高齢社会が直面する問題のひとつとして、介護離職を防ぐための両立支援の問題があります。これは、要介護者を支える家族が多かった時代には顕在化していなかった問題ですが、少子化も相まって、支え手支援の整備が急務の課題となっています。

法律としては、1997 年に介護休業に関する法が制定されてから、法改正を何度か重ねてきましたが、制度の周知も従業員には十分にされていないこともあり、制度の利用者が少ないのが現状でした。2017 年には、実態に基づいてより制度を利用しやすいように法改正が行われたところです。また、年間に介護を理由に 10 万人が離職していると言われていますが、一方で、労働政策研究・研修機構（2016）のデータ(注)のように約 8 割が介護終了まで同じ勤務先で仕事を続けられているというものもあります。

（注）本調査は厚生労働省において育児・介護休業法改正（2017 年施行）のための資料として活用されることを目的に緊急調査として実施された。

そこで、要介護者を抱える従業員がどのような現状にあるのかこれから述べていきたいと思います。労働政策研究・研修機構（2016）によると、要介護者が施設や病院で過ごす期間を含む全介護期間の平均は39.5か月となっています。当然、個人差はありますので、10 年を超えることもあります。しかし、在宅介護期間の平均は 1 年 6 か月であり、長くても 5 年以内となっています。つまり、全介護期間 3 年 3 か月の半分程度の期間を在宅で介護していると考えることができます。

そして、介護離職の可能性ですが、在宅介護期間が 3 年を超えると介護発生時の勤務先を勤め続ける割合（同一就業継続率）は下がります。さらに詳しくみると、要介護者と同居している場合は在宅介護期間が 1 年を超えると同一就業継続率は下がり、別居の場合は 3 年を超えると下がります。また、図表 1 によると、在宅介護については、5年を超える期間は0%になっており、仮にあったとしてもあまり発生しないことがうかがえます。

図表1　全介護期間と在宅介護期間の割合

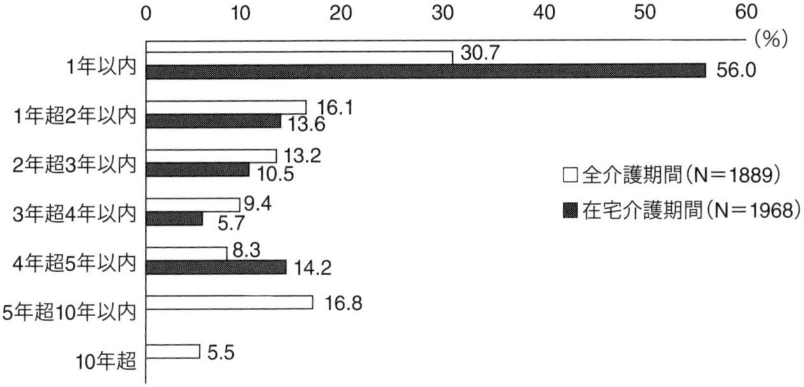

(出所：労働政策研究・研修機構(2016))

また、どのような原因疾患で介護を必要とするかによっても、介護期間が違います。図表2のとおり、がんは比較的短期間になっています。しかし、脳血管疾患や認知症によるものは、長期化する傾向にあり、病院や介護施設等で過ごす期間も他の原因疾患と比較しても突出して長いのが特徴です。特に脳血管疾患は長期間にわたって寝たきりの要介護状態になる疾患の典型とされ、介護休業制度はこの疾患をモデルに設計されています。つまり、脳血管疾患においては、発症から3か月程度で症状が落ち着くことが多いため、介護休業は、介護の終わりまで要介護者を直接的に介護するのではなく、介護発生直後の緊急事態に対応し、その後の介護の態勢を作ることを想定した制度です。

実際に、介護発生直後は入退院の手続きや介護事業所の選定や介護サービスの利用手続き、地域包括支援センターを利用しながら介護に関する情報収集、在宅介護のための住宅改修、介護認定を受ける準備などを行います。

図表2　原因疾患別　全介護期間と在宅介護期間の割合

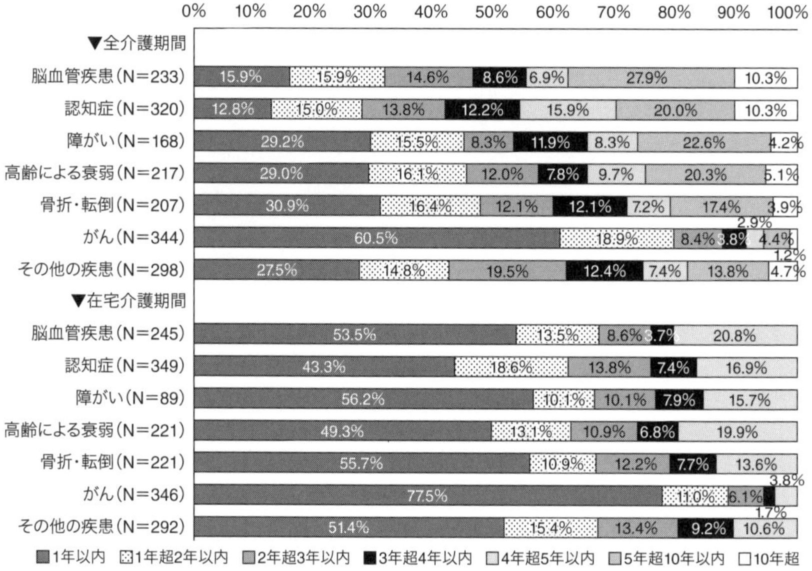

（出所：労働政策研究・研修機構(2016)）

介護が長期化したとしても、その間ずっと在宅で介護をしているとは限りません。例えば、初期は在宅介護だとしても、要介護状態が重くなり介護施設に入居することもあります。 その参考データとして、労働政策研究・研修機構（2016）によると、介護期間が「1年以内」と短い場合は90%が同一就業継続しています。その割合は2年、3年と経つと低下する傾向を示していますが、3年を超えると再び同一就業継続割合が上昇します。つまり、介護が長期化すると終期では介護施設等に入居することがこのデータから推測されます。その意味で介護期間が必ずしも長いほど離職率が高くなるとは言えません。

しかし、在宅介護期間については、長期化するほど同一就業継続率は低下する傾向があります。したがって、就業継続が難しくなるほどの両立困難ということに関していえば、長期化するような脳血管疾患などの疾患等の在宅介護が最も切実な問題になります。

第2節 介護休業制度について

ここまでは、介護を抱える従業員の現状について述べました。介護の原因によっても介護期間が違いますが、一番負担のかかる在宅介護も長くて5年とされています。しかし、在宅介護が2、3年と長期化するにつれて就業継続が難しくなりますので、そこをどのように支援していくのかが課題となります。そこで、育児介護休業法による介護に関する両立支援制度について、次に述べます。

これまでは介護休業制度があるにもかかわらず介護のために会社を休む必要ができても、有給で消化する従業員が多いという現状でした。それは、そもそも介護休業制度を知らない従業員が少なからず存在するという実態もありますが、2017年の改正までは介護休業の申出は1対象家族につき1回しかできないため、介護家族を抱える従業員にとっては取得しにくいものでした。つまり、介護休業を介護の初期、中期、終期のどのタイミングで取るかの判断が難しいので、介護休業を取得せず、とりあえず有給休暇で対応してきたというのも介護休業の取得が進まない背景にありました。また、介護休業を取得せず、短時間勤務を選択しても、その日数を含めて93日と、まさに、応急処置にしか利用できない制度でした。

労働政策研究・研修機構（2016）によると長期にわたる連続休暇のニーズは低く、むしろ介護休業を分割取得できることが同一就業継続率を高くするというデータ結果を出しています。つまり、在宅介護期間が長くなると、在宅介護から施設介護への移行や新たな疾患の発症など、介護態勢を組み替えて再構築する場合もあるでしょう。また、脳血管疾患や認知症は同じ疾患でも症状の経過が一様ではありません。1年で急速に状態が悪化する場合もあります。このように、症状が変化した場合にも対応することができるように、分割取得が必要になります。このような介護実態のニーズに応えるために改正法では、介護休業を分割できるようになりました。

改正後の介護休業法は以下のとおり、この点を改善したものになります。しかし、1対象家族につき1回のため、例えば、骨折で介護が必要になり、介護休業を分割で93日利用した後、回復して、今度は同じ家族が脳梗塞になって介護が必要になったとしても、すでに93日利用してしまっているので、介護休業を取得することができません。今後は、この点の改善も望まれるでしょう。

＜2017年改正内容＞

◇要介護状態にある家族1人につき、3回を上限として、通算93日まで、介護休業を分割取得することができる。

◇介護のための所定労働時間の短縮措置等を介護休業とは別に、利用開始から3年以上の間で2回以上の利用を可能とする。

◇所定外労働の免除を介護終了までの期間について請求することができる（期間の制限なし）。

＊希望どおりの日から休業するためには、原則として、介護休業の申出は休業開始の2週間前までに行う必要があります。また、要介護者の証明の提出を従業員に義務づけることはできません（職発0802　第1号）。つまり、証明の提出をしないことを理由に、介護休業の申出を拒むことができないということです。一方、対象者の介護が解消されるまで、時間外残業の免除を申請することができますが、こちらは、証明の請求ができます。

＊要介護状態とは、負傷、疾病又は身体上若しくは精神上の障害により、2週間以上の期間にわたり常時介護を必要とする状態のことをいい、介護保険の要介護認定を受けていなくても、介護休業の対象になります。

＊家族とは、配偶者（事実婚を含む）、父母、子、配偶者の父母、祖父母、兄弟姉妹、孫をいいます。

有期雇用労働者も、介護休業などの両立支援制度を利用できます。申出の時点で、次の両方の要件を満たす従業員が対象となります。

①　介護休業開始予定日から93日経過する日を始点として、そこから6か月を経過する日までに労働契約（更新される場合には、更新後の契約）

の期間が満了することが明らかでないこと

⇒介護休業の申出があった時点で労働契約の期間満了が確実なのかどうかを判断します）

② 同一の事業主に引き続き1年以上雇用されていること

＊ただし、労使協定を結ぶことにより、1週間の所定労働時日数が2日以下の労働者等の場合は申出を拒むことができます。（正社員も労使協定で1年未満の労働者等を除外できます）。

また、前述の通り法改正で会社は、93日の介護休業とは別に、従業員が要介護状態にある対象家族の介護のために利用できる制度を導入するように義務づけられました。そして、その両立支援制度は、利用開始の日から最低3年の間に、2回以上の利用（介護費用の助成制度等を除く）を可能にするものですが、その制度を以下の中から選択し、就業規則等に定める必要があります。

◇短時間勤務制度（①1日の所定労働時間を短縮する制度、②週又は月の所定労働時間を短縮する制度、③週又は月の所定労働日数を短縮する制度（隔日勤務や、特定の曜日のみの勤務等の制度をいう）、④労働者が勤務しない日又は時間を個々に請求することを認める制度）

◇フレックスタイム制度

◇始業時刻・終業時刻を繰上げ・繰下げる制度（時差出勤の制度）

◇従業員が利用する介護サービスの費用の助成その他これに準ずる制度

しかし、この制度も介護休業と同じく、日常的な介護に対応することを想定したものではありません。しかし、これらの制度ができたことで、以下のような調整も可能になります。

例えば、会社が短時間勤務制度を3年間、2回に分割して取得できる両立支援制度を導入している場合、下記のとおり、14日介護休業を取得し、在宅介護の準備を家族と行います。その後は、会社に復帰し、デイケアなどを利用しながら、在宅介護を続けている間の1年間について、短時間勤務を行います。その後、急に要介護者の病状が悪化したので、入院後施設に入所する等の準備のために、介護休業を30日取得したあと、落ち着くまではしばらく、短時間勤務をします。このスケジュールでは会社に介護休業を2回、短時間勤務を2回申請したことになります。

ここで、注意をしてほしいのは、介護休業を令和元年5月1日から14日まで14日、令和2年5月13日から6月11日まで30日取得し、合計44日取得しています。したがって、介護休業は3回までしか分割で申請できないため、49日の残日数を次の取得で使い切らなければ、その後の申請はできません。93日の休業日数と3回の取得回数の上限をよく考えて計画を立てることが必要です。

〔例〕母の介護を行う場合

(会社が短時間勤務制度を採用し、利用回数2回、利用開始から3年まで利用可の場合)

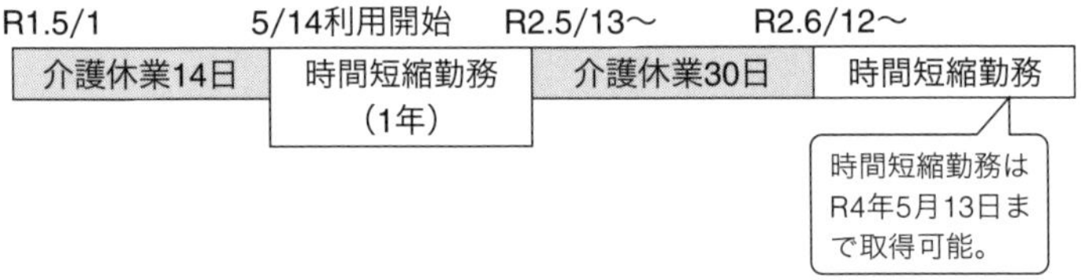

また、在宅介護の場合は、施設介護に移行するまでの数年をどう乗り切るかが重要となってきます。そのため、対象家族を介護しなければならなくなった時、日常的な介護と仕事の両立を見据えて、通常の働き方を両立可能なものに改革することが必要となります。介護においては始期よりも中期、後期と時間が経過し、介護が長期化することで負担が増していくことに留意し、会社としても、介護発生直後の緊急対応だけでなく、中期や終期を見据えた両立支援策が必要になるでしょう。

第3節 介護給付金と社会保険料

1　介護給付金の支給要件

介護休業中の生活を補償するため、介護休業中は介護給付金が支給されます。支給要件は、次のとおりです。育児休業給付金の支給要件とほぼ同じです。

◇雇用保険の被保険者であること
◇介護休業開始前原則 2 年間に、賃金支払基礎日数（基本給が支給された日数）が 11 日以上ある月が 12 月以上あること（ただし、過去に基本手当の受給資格や高年齢求職者給付金の受給資格の決定を受けたことがある場合は、受給の対象になった月後のものに限る）
◇介護休業中の各支給単位期間に就業した日数が、月に 10 日以下であること
◇各支給単位期間に支払われた賃金がある場合、休業開始時の賃金と比較して 80% 未満であること

＊支給単位期間とは、休業開始日から、翌月の休業開始日に応当する日の前日までの 1 か月のこと

2　給付金額

給付金額は以下の計算で算出されます。ただし、各支給単位期間中に賃金が支払われた場合、その額と「賃金日額×支給日数」の 67 %相当額の合計額が、「賃金日額×支給日数」の 80 %を超えるときには、その超えた額が減額されて介護給付金として支給されます。また、支給された賃金のみで「賃金日額×支給日数」の 80 %に相当する額以上となるとき、介護給付金は不支給となります。

賃金日額 ＊1 × 支給日数 ＊2 × 67% ＝ 給付額

＊1　介護休業開始前6か月間の賃金の合計額を180で割った金額をもとに算定されます。
＊2　1回の支給単位期間は30日ですが、介護休業終了日を含む支給単位期間は、その支給単位期間の初日から終了日までの暦日数です。なお、支給単位期間の途中に雇用保険の資格喪失日があると、その支給単位期間は支給されません。

支給申請は、介護休業終了日（介護休業期間が3か月以上にわたるときは介護休業開始日から3か月を経過した日）の翌日から起算して2か月を経過する日の属する月の末日までです。分割で介護休業を取得した場合は、その都度申請します。

申請書類は、①「雇用保険被保険者休業開始時賃金月額証明書」、②「介護給付金支給申請書」、③「会社に提出した介護休業申出書」、①に対応する期間と申請する支給単位期間の賃金台帳、出勤簿、④戸籍謄本（介護対象者の氏名、被保険者との続柄、性別、生年月日が確認できるもの）、⑤2週間以上にわたり常時介護を必要とする状況の確認資料（ex.介護施設の入居契約書、要介護2以上の認定書のコピー等*）、⑥振込口座の通帳のコピー等

＊適切な確認資料がなければ、ハローワークにて「常時介護を必要とする状態に関する判断基準」の様式を用意していますので、介護対象者の状態について記入して提出します。

なお、介護対象者が同じ場合、複数の家族で介護休業給付を受給できます。例えば、父の介護をするために、まず、姉が介護休業を3か月とり、その次に次女が3か月、そして三女が3か月という場合は全員がそれぞれ給付を受け取れます。また、同時に3人が介護休業をして給付を取得することも可能です。

そして、介護休業中の社会保険（厚生年金および健康保険）の保険料は、産前産後休業や育児休業とは違い免除になりません。しかし、給与が支給されていなければ雇用保険料は発生しません。

図表３　利用できる仕事と介護の両立支援制度

制　　度	内　　　　容
介護休業	要介護状態にある対象家族１人につき93日について分割３回まで取得可能。ただし、有期契約の場合は、①同一の事業主に１年以上雇用されていること、②取得予定日から起算して93日プラス６か月を経過するまでの間に雇用契約が終了することが明らかでないことの要件が必要。また、労使協定により、入社１年未満の者、１週間の所定労働日数が２日以下の者、介護休業申し出の日から93日以内に退職することが明らかな場合は申出を拒むことができる。
介護休暇	通院の付き添い、介護サービスに必要な手続きを行うために、年５日（対象家族が２人以上の場合は10日）取得可能。有期契約労働者も取得できる。ただし労使協定により入社６か月未満の者、１週間の所定労働日数が２日以下の者は対象外にできる。半日単位の取得も可。
所定外労働（所定労働時間超）の制限	本人の請求がある場合、介護が終了するまで、残業を免除できる。有期契約労働者も請求できる。ただし労使協定により、入社１年未満の者、１週間の所定労働日数が２日以下の者は対象外にできる。
時間外労働（法定労働時間８時間超）の制限	本人の請求がある場合、介護が終了するまで、時間外労働の上限を１か月24時間、１年150時間までに制限できる。有期契約労働者も請求できる。労使協定がなくても入社１年未満の者、１週間の所定労働日数が２日以下の者は対象外。
深夜業の制限	本人の請求がある場合、介護が終了するまで、午後10時から午前５時までの深夜労働の時間を制限できる。有期契約労働者も請求できる。労使協定がなくても入社１年未満の者、１週間の所定労働日数が２日以下の者は対象外。
所定労働時間短縮等の措置	要介護状態にある対象家族の介護を行う労働者について、利用開始の日から３年以上の期間で、２回以上（④を除く）会社で定めた次のいずれかの措置を利用できる。 ①短時間勤務制度、②フレックスタイム制度、③始業時刻・終業時刻の繰上げ・繰下げ、④介護費用の助成措置。 有期契約労働者も利用できる。ただし労使協定により、入社１年未満の者、１週間の所定労働日数が２日以下の者は対象外にできる。

第5章

がん就労者のケース

第1節　がん就労者への取組み

現在2人に1人が「がん」に罹患し、その罹患者数のうち、3人に1人は就労可能年齢で罹患しているとされています。そうだとすると、がん患者の就労もできる限り保障することが必要となります。

これまで、「がん」は日本の死亡原因の第1位であり、政府は、がん予防の推進やがん医療の向上とそれを支える社会環境の整備など、がん対策に取り組んできました。そして、がん対策の総合的かつ計画的な推進を図るため、2007年4月にがん対策基本法を施行し、それに基づき、5年に1度見直される、がん対策推進基本計画を策定しました。

それまでは、がん患者の医療とそれを支える体制の整備に主眼がありましたが、2016年の直近の改正では、がん患者の就労・就学支援等の社会的問題等に対処するなど、がん患者が安心して暮らせる社会の構築を目指し、必要な支援を受けられるようにすることを基本理念に盛り込んでいます。そして、事業主の責務として、がん患者の雇用の継続等に配慮するとともに、国等のがん対策に協力することを努力義務とし、がん患者の療養生活の質の向上、がん患者の雇用の継続に係る規定等をがん対策基本法の中に新設したのです。

これを受けて、厚生労働省では、「事業場における治療と職業生活の両立支援のためのガイドライン」を公表し、治療が必要な疾病を抱える従業員が、業務によって疾病を増悪させることなどがないように、そして、会社で適切な就業上の措置と、治療に対する配慮が行われるように、従業員への支援の進め方などをまとめています。

一方、がん患者一人一人が抱える痛みには様々なものがありますが、特に、①身体的苦痛（体の痛み、倦怠感、不眠等）②精神的苦痛（不安、いらだち、うつ状態等）③スピリチュアルな苦痛（死への恐怖、自責の念等）④社会的苦痛（経済的な問題、仕事、家庭の問題）の4つの痛みがあると言われています。

このようながん就労者を取り巻く環境をふまえ、キャリアコンサルタント等は、"社会的苦痛"の中におけるがん就労者の"就労に関する問題への対応"について取組むことができます。この章では、その問題に取り組むための基礎知識について述べます。

第2節 がんの治療について

がん治療においては、がんの種類や進行度に応じて、手術（外科治療）、薬物療法（抗がん剤治療・分子標的治療・ホルモン療法）、放射線治療等の様々な治療を組み合わせる「集学的治療」が基本となっています。これらの3大治療のほかにも、免疫療法などがあります。

なお、がんの種類や進行度等に応じて、標準治療と呼ばれる、治療ガイドラインに基づく一般的な治療法が定められているものの、それがあてはまらない患者も多く、治療内容と治療に要する期間は個別に確認することが必要です。

本書では、がん治療の一例として、筆者の就労相談の扱いの多い乳がんの治療を中心に説明します。しかし、これから記述する薬物療法や放射線治療などの治療法による副作用は、他のがんでも基本的には共通していますので、就労上の参考にしてください。

1 乳がんの治療の種類

乳がんと診断され、他の臓器への転移がない場合、治療は、すでに起こっているかもしれない微小転移を根絶し、乳がんを完全に治すことを目指します。治療には、手術（外科治療）、放射線療法といった局所治療と薬物療法（抗がん剤治療、ホルモン療法、分子標的治療など）による全身治療があります。

それぞれの治療を単独で行う場合と、複数の治療を組み合わせる場合がありますが、ホルモン療法に適応がない人や放射線治療が不要な人などもいることから、全ての治療を行う人は少ないです。そして、がんの性質やステージ、全身の状態、年齢、合併する他の病気の有無などに加え、患者の希望を考慮しながら治療を決めます。

なお、この第2節の治療方法の記述については、国立がん研究センターのがん情報サービスおよび「患者さんのための乳ガン診療ガイドライン（2019年）日本乳癌学会編」を参考にしました。

図表1　乳がんの臨床病期と治療

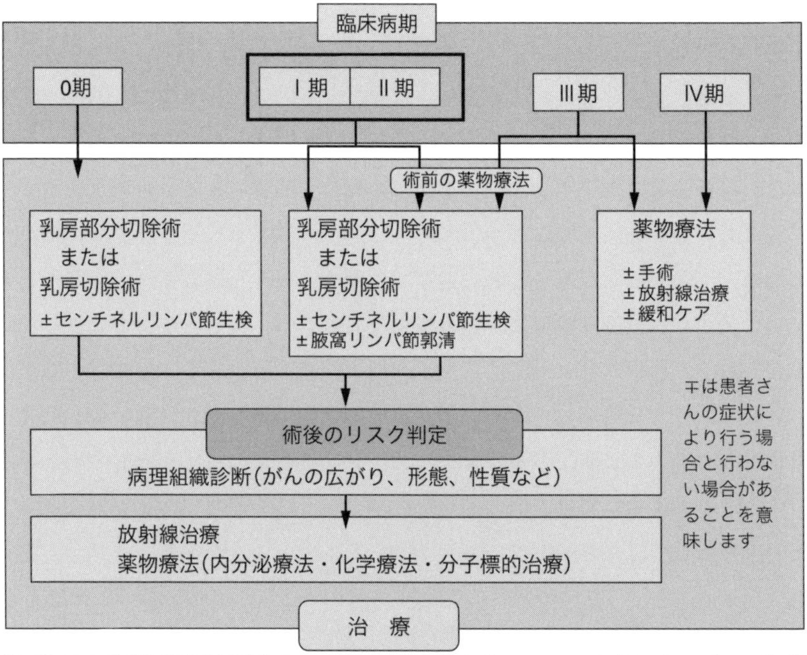

（出所：日本乳がん学会「科学的根拠に基づく乳癌診療ガイドライン治療編」（2013）より作成）

●手術

乳がんの治療では、手術によってがん組織や周りのリンパ節を取り除くことが基本となります。手術は大きく分けて、乳房を残す「乳房部分切除術」と乳房を全部切除する「乳房切除術」があります。また、取り除いた臓器や器官の再建（臓器などを取り除くことによって、損なわれた体の機能や外観を元の状態に近づけるための手術）などの処置が行われます。

手術を受ける場合には、従業員が主治医に対して入院期間、手術後に出やすい合併症や制限すべき動作などについて確認し、必要に応じてそれらの情報を会社に提供するとよいでしょう。これらの情報は、手術を行う前に得ることが可能であり、職場復帰までのおおよその期間を見積もることができます。ただし、手術後の経過や合併症などには個人差があり、実際の状況は手術前と異なる可能性もあるため、退院時等に再度確認しておく必要があります。

●放射線治療

放射線は、細胞が分裂して増えるときに必要な遺伝子に作用して、細胞が増えないようにする、あるいは、細胞が新しい細胞に置き換わるときに脱落する仕組みを促すことで、がん細胞を消滅させ、少なくします。よって、放射線治療はこのような作用を利用してがんを治療します。

そして、乳がんの放射線治療では、温存した乳房や乳房を切除した後の胸壁やその周囲のリンパ節からの再発を防ぐために行います。したがって、乳房温存手術後、および乳房全切除術を受けた人のうち、わきの下のリンパ節に転移があった人やしこりが大きかった人には手術後の放射線治療が勧められます。

放射線治療は、高エネルギーのX線等を10分以内で体の外から照射します。通常は、25〜30回の照射であり、基本的に毎日（月〜金）、約1か月間の通院を要することが多いです。そして、治療中は、頻回の通院による疲労に加えて治療による倦怠感等が出現することがありますが、症状の程度には個人差が大きいです。

また、治療を中心に行っている病院ではなくても治療法に大差はないので、自宅や会社の近くの病院を紹介してもらうことも選択のひとつです。治療は数分間、放射線を体に照射しますが、病院で受付してから退出するまでに30分〜1時間あれば可能なため、出勤前か退勤後、あるいは昼休みでも通院はできるかもしれません。

●薬物療法（抗がん剤治療・分子標的治療・ホルモン療法）

薬物療法には、つぎの3つの目的があります。

・手術前にしこりを小さくするため

・手術後にからだのどこかに潜んでいるがん細胞を根絶するため

・最初から他の臓器に転移があった場合や再発を治療するため

どのような薬物をどのように組み合わせて治療を行うかは、がんの広がりや性質、病理検査の結果などによって検討されます。薬物療法には次の療法があり、脱毛、手足のしびれ、不眠などの副作用があります。

①　ホルモン療法（内分泌療法）

女性ホルモンの分泌や働きを妨げることによって乳がんの増殖を抑える治療法で、手術後に行う場合は5年間から10年間の投与が目安となります。副作用は、顔面の紅潮やほてり、のぼせ、発汗、動悸などの更年期障害のような症状や関節のこわばりや痛み、骨密度が低下し、骨折が起こりやすくなる場合があります。

②　抗がん剤治療（化学療法）

がん細胞は、正常細胞と違い、際限なく増殖し続けるという性質があります。抗がん剤治療は抗がん剤により細胞の増殖を制御しているDNAに作用したり、がん細胞の分裂を阻害したりすることで、がん細胞の増殖を抑えます。抗がん剤治療には主に、錠剤やカプセルなどの「のみ薬」による方法と、「点滴や注射などで血管（静脈）に直接抗がん剤を注入する方法」があります。

治療は、術前又は術後に3〜6か月行います。乳がんのタイプにより分子標的薬の治療を追加することもあり、最長1年半の治療期間になります。副作用はありますが、最近は副作用に対する予防法や対策が進歩していることもあり、外来通院しながら治療を受けることが多くなっています。

【術前化学療法】

手術を行うことが困難な場合や、しこりが大きいために乳房部分切除術ができない場合に、3か月から半年ほどの化学療法を行い、腫瘍を縮小させてから手術を行う方法です。

郵 便 は が き

料金受取人払郵便

落合局承認

4248

差出有効期間
2021年１月31日

（期限後は切手を
おはりください）

161－8780

東京都新宿区下落合2-5-13

㈱ 税務経理協会

社長室行

お名前	フリガナ	性別	男 ・ 女
		年齢	歳
ご住所	□□□-□□□□ TEL （ ）		
E-mail			
ご職業	1．会社経営者・役員 2．会社員 3．教員 4．公務員 5．自営業 6．自由業 7．学生 8．主婦 9．無職 10．公認会計士 11．税理士 12．行政書士 13．弁護士 14．社労士 15．その他（ ）		
ご勤務先・学校名			
部署		役職	

ご記入の感想等は，匿名で書籍のＰＲ等に使用させていただくことがございます。
使用許可をいただけない場合は，右の□内にレをご記入ください。 □許可しない

ご購入ありがとうございました。ぜひ、ご意見・ご感想などをお聞かせください。
また、正誤表やリコール情報等をお送りさせて頂く場合もございますので、
E-mail アドレスとご購入書名をご記入ください。

この本のタイトル	

Q1　お買い上げ日　　　　年　　　月　　　日

ご購入方法	1．書店･ネット書店で購入（書店名　　　　　　　　　　）
	2．当社から直接購入　　3．その他（　　　　　　　　　　）

Q2　本書のご購入になった動機はなんですか？（複数回答可）
1．タイトルにひかれたから　　2．内容にひかれたから
3．店頭で目立っていたから　　4．著者のファンだから
5．新聞・雑誌で紹介されていたから（誌名　　　　　　　　　　）
6．人から薦められたから　　7．その他（　　　　　　　　　　）

Q3　本書をお読み頂いてのご意見・ご感想をお聞かせください。

Q4　ご興味のある分野をお聞かせください。
1．税務　　2．会計・経理　　3．経営・マーケティング
4．経済・金融　　5．株式・資産運用　　6．法律・法務
7．情報･コンピュータ　　8．その他（　　　　　　　　　　）

Q5　カバーやデザイン、値段についてお聞かせください

①タイトル	1良い	2目立つ	3普通	4悪い
②カバーデザイン	1良い	2目立つ	3普通	4悪い
③本文レイアウト	1良い	2目立つ	3普通	4悪い
④値段	1安い	2普通	3高い	

Q6　今後、どのようなテーマ・内容の本をお読みになりたいですか？

ご回答いただいた情報は、弊社発売の刊行物やサービスのご案内と今後の出版企画立案の参考のみに使用し、他のいかなる目的にも利用いたしません。なお、皆様より頂いた個人情報は、弊社のプライバシーポリシーに則り細心の注意を払い管理し、第三者への提供、開示等は一切いたしません。

【術後化学療法】

乳がんの場合、転移・再発を防ぐ目的で、手術後に化学療法を行うこともあります。手術後に化学療法を行う目的は、どこかに潜んでいる微小転移を根絶させることです。

抗がん剤治療は正常な体にとっても毒であるため、主な副作用は、髪の毛、口や消化管などの粘膜、あるいは血球をつくる骨髄など新陳代謝の盛んな細胞が影響を受けやすく、脱毛、口内炎、下痢が起こったり、白血球や血小板の数が少なくなったりすることがあります。その他、全身のだるさ、吐き気、手足のしびれや感覚の低下、筋肉痛や関節痛、皮膚や爪の変化、肝臓の機能異常などや、抗がん剤治療の間、もしくはその後に、記憶力、思考力、集中力が一時的に低下する症状（ケモブレインという）が出る場合があります。

したがって、日常生活では、頭の回転がスローダウンする、物覚えが悪くなり失敗が多くなる、ヒールのある靴が履けない、ペンを持つのが大変、重いものが持てない、長時間立っていられない、料理ができないなどの支障が出ることがあります。

よって、抗がん剤治療を受けながら就労継続する場合は、従業員が主治医に対して出やすい副作用及びその内容・程度、治療スケジュールの変更の有無などを必要に応じて確認し、それらの情報を会社に提供するとよいでしょう。

③　分子標的治療

分子標的治療薬は、乳がんの増殖に関わっていると考えられているタンパク質の働きを阻害する薬です。一般的に副作用は軽いですが、寒気や発熱など特有の症状が出ることがあります。

2　治療の流れ

ここまでは、治療の種類について、説明しました。ここではそれを踏まえて、乳がんの治療の流れについて説明します。

まず、非浸潤がん（ステージ0）と浸潤がん（ステージⅠ～Ⅳ）で治療方法が分かれます。非浸潤がんとは、がん細胞が乳管・小葉の中にとどまる乳がんで、適切な治療を行えば、転移や再発をすることはほとんどないと考えられています。そして、腫瘍の範囲が小さいあるいは広い範囲に及んでいるかで、乳房温存手術あるいは乳房全切除術を行います。ただし、乳房温存手術の場合には、状態によって、術後に放射線療法を行います。非浸潤がんであれば、微小転移をともなう可能性は低いと考えられるため、多くの場合、術後に薬物療法の必要はありません。

一方、浸潤がんは、乳管・小葉の周囲まで広がった乳がんを指します。乳がんと診断される場合は、約80％以上は浸潤がんとされています。

●ステージⅠ～ⅢAの場合

①　腫瘍が比較的小さい場合

乳房温存手術が可能な場合もあり、その場合は術後、放射線治療法が必要です。また、必要に応じて術後薬物療法を行います。

②　腫瘍が比較的大きい場合

手術をした後に薬物療法を行いますが、腫瘍が比較的大きく、温存手術が困難であると考えられるときは、乳房全切除術を行います。なお、ステージⅠでも状態によっては、乳房全切除術を行います。そして、手術後の薬物療法であるホルモン療法や分子標的治療、抗がん剤治療は、乳がんの性質によって選択します。

一方、腫瘍が大きいため、そのままでは乳房温存手術ができない場合でも、手術前に薬物療法を行い、腫瘍が小さくなれば乳房温存手術が可能になる場合があります。

③　腋窩リンパ節の切除

手術前に明らかな腋窩リンパ節転移が認められる場合には、腋窩リンパ節郭清（リンパ節の取り残しがないよう周りの脂肪も含めて一塊に切除すること）が必要です。また、乳房全切除後でも手術後、放射線療法を行うことがあります。

●ステージⅢB、ⅢC（局所進行乳がん）の場合

乳房表面の皮膚や胸壁にがんが及んでいる、鎖骨上リンパ節まで転移が及んでいるなどの場合には、からだのどこかに微小転移を伴う可能性が大変高いので、薬物療法を主たる治療手段と考えます。そして、しこりや腫れたリンパ節が縮小した場合は、その後に、手術や放射線治療法などの治療を検討します。

ここまで乳がんの治療について説明しましたが、患者によって、病状や薬の副作用の出かたが違いますので、状態を見ながらどの治療を取り入れるか医師と相談し、治療計画を立てていきます。

一方、会社は、今後の従業員の勤務についてどうなるのか不安ですが、本人から病状を確認したくても躊躇しています。会社の不安を払拭するためにも、治療スケジュールをふまえ状況を説明し、体調、配慮してもらうところや治療スケジュールに変更があったら伝えるなど、情報提供をこまめにすると良いでしょう。

第3節 がん患者が直面する問題について

最近のがん医療は、疾患そのものの治癒に重点が置かれた「がん」の治療から、医療の発展に伴い、がん患者やその家族の生活の質に配慮して治療を行っていく考え方に発展してきているようです。それに伴い、がん診療連携拠点病院の中には、患者のQOLを高めるためのひとつの方法として、がん患者の「グループ療法」を導入している病院もあります。それは、実際の治療以外に、患者が集う場を作り、医療従事者だけではなく、人事労務の専門家（社会保険労務士）や産業カウンセラーなどさまざまな分野の専門家も一緒に参加して、患者同士の不安やなやみ等を共有し、相談する場を作ることで、情緒の支援だけではなく、就労や生活の場面における具体的な問題の解決も図るという取り組みです。このような取り組みが始まっている背景として、患者は、がんを告知

され、その後治療を行い、復職するまでには、さまざまな悩みを解決し、選択をしなければならない局面があります。また、がんのステージや治療のスケジュール、仕事内容、経済面、家庭の中での立ち位置など個人によって置かれている環境が違うため、どの選択が本人にとって良いのか、その悩みは一人で抱えるには余りに複雑で深いです。さらにはまだ、両立支援のための制度整備が不十分な会社もあり、会社側もどのように支援をしていったら良いのか悩んでいるというケースも多く、選択や対応が一様ではないことが想像できます。

がんに罹患した就労者と会社では、以下のような悩みを抱えているケースが多いようです。

◇従業員の不安

・今後について会社の誰にどう伝えたらいいだろうか？
・治療のための休みはどう計画的にとるといいだろうか？
・会社に病気のことを言ったら不利益な扱いをされるのではないだろうか？
・このまま今在籍している会社で就労し続けられるだろか？
・どのような国の社会保障制度や会社の制度を利用できるのだろうか？
・治療費がかかるので、この先どうやりくりしていったらいいだろうか？
・今後、転職する時に採用面接では病気のことを言うべきだろうか？
・会社や職場に迷惑がかかるから、退職した方がいいか？

◇会社の不安

・いつ復職できるのか？
・病気のことを本人に詳しく聞きにくい
・復職しても今までどおりに働けるのか？
・どう対応していったらいいのか？
(会社では両立支援制度が整備されていない)

・法律上、どこまで対応しなくてはいけないのか？

このような現状の中、独立行政法人労働政策研究・研修機構（略称、JILPT）が15歳以上64歳以下の就労者の男女に対して行った「病気の治療と仕事の両立に関する実態調査（複数回答）」(2018)＊というデータがあります。これによると、がんに罹患した就労者の現状が浮かび上がってきます。

＊楽天リサーチ株式会社が保有する過去5年間の疾患パネルに登録のある者に対し、スクリーニング調査を実施し、該当する調査対象のみが本調査に回答する方式。

まず、前述の従業員が抱える不安の1つに、最初にがんとわかった時に会社の誰にどのように伝えたらよいのかというのがありますが、調査によれば、その時に、相談報告を行うのは、所属長や上司が81％と圧倒的に多く、次いで同僚という回答でした。また、当職が相談を受けている中で感じることは、乳がんなど女性特有のがんの場合などは、できるだけ職場の人には知られたくないと思う人が少なくないようです。

そして、治療が始まると、病気休暇や休職制度、時間単位や半日単位の休暇を多く利用していることがわかります。また、治療と仕事の両立のための支援制度の整備や入院・治療に対応した長期の休職や休暇を取りやすい職場風土を望む声が高いようです。

また、休職期間についての調査では、がんのステージや病状にもよりますが、0期、Ⅰ期では2週間から1か月程度、Ⅱ期〜Ⅳ期は2週間から6か月と休職期間にばらつきがありましたが、1か月程度の割合が最も高いことがわかりました。

復職に向けては、リハビリ出勤制度があれば利用し、復職後は所定労働時間の短縮や残業、休日労働を制限しています。そして、復職後の悩みとしては、休職前の体力に戻るのに時間がかかること、会社に両立支援制度があまり整っていないことに困難を感じているようです。また、がんになっても同じ勤務先に継続勤務しているという回答の割合が約8割と高くなっています。一方、退職を決断する時期は、「復職後」という回答の割合（43.8％）が高く、最初の治療中との回答は、「17.7 %」となっています。そして、退職の理由としては、仕事を続ける自信がなくなった、治療・療養に専念するという理由が多く、がんのステージが高いⅡ～Ⅳ期の就労者において、特にその理由の割合が高くなっています。

また、会社を退職し、その後再就職のために就職活動をする際に、書類応募時にはがんに罹患していることに触れないと回答する割合が高く、面接時や採用決定段階になり、病名や就労上で配慮して欲しいことを伝えている割合が高いことがわかります。すなわち、求職活動では、病名を伝えると採用に繋がらないのではないかという不安が高く、病気の治療と仕事を両立しやすい求職の確保を望んでいることが窺われるのです。

このようながん患者の状況に対応するために、現在、都道府県がん診療連携拠点病院*や県立病院、市立病院など全国の病院216か所（2020年3月現在）に、ハローワークの担当者が出張し就労支援を行っています。また、全国の都道府県のハローワーク106か所（2020年3月現在）に長期療養者支援窓口を設置し、がん患者等の就労支援を行っています。

＊全国どこでも質の高いがん医療を提供することができるよう、全国にがん診療連携拠点病院を402箇所（都道府県がん診療連携拠点病院51箇所、地域がん診療連携拠点病院（高度型）47箇所、地域がん診療連携拠点病院275箇所、地域がん診療連携拠点病院（特例型）26箇所、特定領域がん診療連携拠点病院1箇所、国立がん研究センター2箇所）、地域がん診療病院を45箇所、指定しています（令和2年4月1日現在）。

第4節 会社ができる支援

この節では、これらを踏まえ、休職から復職後までの会社の対応できる支援について述べます。具体的には、がん患者への対応と、その他、両立支援制度や利用できる法制度が中心です。第5章でもうつなどの精神疾患に罹患した従業員の休職から復職までの支援の流れについて説明していますが、そちらでは、各ステップについて、もう少し詳細に記述しています。支援の各ステップについてはがん患者に対するものと概ね変わりませんので、そちらも参考にしてください。

1 休職前

まず、休職前に整備しておいた方が良い会社の両立支援制度について、休暇制度と勤務制度、休職制度の観点から述べます。これまで会社では、病気というと、うつ病などの精神疾患を想定したルールづくりが多かったと思います。それは、うつなどの精神疾患に罹患すると労務の提供が不完全になりがちで、休職と復職を繰り返す可能性があるため、会社としては労務管理が難しく、どちらかというと会社のリスクヘッジの観点から就業規則などに定めて対応していることが多いのではないかと思います。しかし、がんは今や、医療技術が進歩し、十分治療しながら就労継続することが可能な病気となっており、病状にもよりますが、両立支援制度がある程度整備できれば、復職後も比較的安定的に就労出来るのではないかと考えられています。

ただ、がんなどの長期療養を要する疾患に対応する両立支援制度が整備されている会社はまだ少ないのが現状です。そこで、休職前に、まだ両立支援制度が準備出来ていない場合には、以下に述べるような制度の導入を検討してみると良いでしょう。その際、がん就労者が安心して相談できる窓口の設置なども必要です。

そして、復職後に本人の希望で軽易な業務への変更や労働時間の短縮など労働条件が変更になった場合に対応できるように、この点の就業規則の見直しもしておくことが大切です。

●会社の両立支援制度の検討

①　休暇制度

休暇制度は、年次有給休暇のように法律で義務付けられている制度と会社が任意に制度化できるものがあります。年次有給休暇のみだと取得できる休暇日数が不十分なことが多く、会社が独自に休暇を設定すれば、がん就労者にとってはかなり有益です。

【病気休暇】

会社独自で設ける、特別休暇や病気休暇など、治療や入院のために利用できる休暇の付与です。入院治療や通院のために付与することで、有給休暇だけでは足りない場合にも充当でき、会社で有給がとりにくい雰囲気でも病気を理由に休みやすくなります。また、有給休暇とは違い、賃金支払いの有無なども含め会社独自で付与ルールが決められます。

【年次有給休暇（最高付与日数 20 日・時効 2 年）】

年次有給休暇は、雇い入れの日から 6 か月継続勤務し、全労働日の 8 割以上を出勤した従業員に 10 日付与され、そのあとは、継続勤続年数に応じて、付与日数が決まります。また、パート、アルバイトなどの有期雇用労働者で、正社員よりも所定労働日数が少なくても、契約している所定労働日数に応じて比例付与されます。時効は付与日から 2 年です。

一方、会社では、年次有給休暇が 10 日以上付与される従業員に対して、年次有給休暇の付与日（基準日）から 1 年以内に 5 日取得させることが義務づけられています。したがって、週所定労働日が正社員よりも少ない従業員に対しては、図表 2 の下図の枠線に該当する場合のみ 5 日を取得させる義務が生じます。

図表２　有給休暇の付与日数

勤続勤務年数	6か月	1年6か月	2年6か月	3年6か月	4年6か月	5年6か月	6年6か月
付与日数（原則）	10日	11日	12日	14日	16日	18日	20日

週所定労働日数（通常の従業員より労働日数が少ない場合）*	1年間の所定労働日数		継続勤務年数						
			6か月	1年6か月	2年6か月	3年6か月	4年6か月	5年6か月	6年6か月以上
週4日	169～216日	付与日数	7日	8日	9日	10日	12日	13日	15日
週3日	121～168日		5日	6日	6日	8日	9日	10日	11日
週2日	73～120日		3日	4日	4日	5日	6日	6日	7日
週1日	48～72日		1日	2日	2日	2日	3日	3日	3日

＊通常の従業員より労働日数が少ない場合とは、所定労働時間が週30時間未満で、かつ、週所定労働日数が4日以下または年間の所定労働日数が216日以下のこと。

また、時間単位や半日単位での有給休暇の取得を可能にすることは利用価値を高めることになるでしょう。従業員が取得するためには、時間単位や半日単位の付与について、就業規則に定めておく必要がありますが、これにより、全日有給休暇を取らなくても通院が可能になります。また、年次有給休暇を与えることが事業の正常な運営を妨げる場合には、会社は他の時季に年次有給休暇の時季を変更することができますが、原則として、従業員が請求する時季に与えることになっています。したがって、会社としても本人と十分話し合いのうえで、休職前に取得するのか、復職後の治療のために取っておくのか、休職制度と治療計画も含めて、本人と確認し、選択する必要があります。

【時間単位年休】

年次有給休暇は1日単位で取得することが原則ですが、従業員が時間単位での取得を請求した場合には、年5日を上限として、時間単位で有給休暇を取得することができます。ただし、制度を導入するためには、会社は労働組合もしくは労働者の過半数を代表する者との労使協定を結ぶ必要があります。

【半日単位年休】

半日単位で有給休暇の取得ができますが、これは、法律で義務づけられているものではないため、就業規則に定めるなど、会社が制度として導入していなければ取得できません。また、導入する場合には、所定労働時間の中で、午前半休と午後半休の時間帯を決めておく必要があります。

【失効年次有給休暇積立制度】

失効年次有給休暇積立制度とは、時効で失効した年次有給休暇を積み立てて、病気などの利用目的を限定して取得できる休暇制度です。任意の制度なので、従業員が利用しやすいように自由に設計できます。例えば、失効何年以内までの有給休暇を対象にするのか、私傷病の治療など休暇の目的や取得形態（1日、半日、時間単位の取得）、付与日数（上限）を就業規則に定めます。

② 勤務制度

以下の制度は会社が独自に設定することができます。しかし、完全な両立支援制度の構築を目指しても、後で、一部のルールを撤廃したり、従業員側に不利益になるような変更をせざるを得ないこともあります（従業員側に不利益な変更は労働法上原則として従業員の同意なく行えないという問題がある）。ですから最初は、無理のない程度にルールを作り、運用しながら従業員が利用しやすいように変更していくことも1つの方法です。

【時差出勤制度】

会社で定める始業、終業時刻を繰上げ、あるいは繰り下げて出勤することができる制度です。これにより、通院のために出退勤の時間をずらす、あるいは身体の負担のかかる時間帯を避けて通勤することで、ストレスの軽減や、手術後の身体を保護することができます。

【短時間勤務制度】

一定の期間、所定労働時間を短縮して勤務する制度です。短時間勤務制度の利用対象者として、家族の育児、介護を必要とした従業員だけではなく、がん就労者も加えることで、通院しながら勤務することや、復職後体が回復するまで、自分自身の体の調子をみながら少しずつ、慣らしていくことができ、体の負担を軽減することができます。

【試し出勤制度】

長期間休職していた従業員に対し、円滑な復職を支援するために、勤務時間や勤務日数を一時的に短縮して、試し出勤等を行うものです。復職後は、薬の副作用等で今まで通りの働き方がすぐにはできないことや体力が回復するまで徐々に体を慣らしながら勤務することが求められます。よって、試し出勤制度を導入することで、円滑な復職に向けて具体的な準備を行うことが可能になります。また、復職前のため、本格的な業務は行わず、あくまでも簡単な作業にとどめることをおすすめします。したがって、決まった時間に出勤して、帰宅するという復職に向けての慣らしが目的であることに留意しましょう。

【在宅勤務制度】

新型コロナ対策としても脚光を浴びた制度です。在宅勤務制度を導入すると、パソコンなどを利用して、自宅で勤務できるので、通勤による身体の負担を軽減し、治療の副作用による体調の変化にも在宅勤務だと対応することができます。また、通勤時間の負担がないので、短時間勤務制度を利用しているが、もう少し長く仕事がしたいと思う場合にも、有益な方法かもしれません。そして、在宅勤務は、毎日ではなくても、週数日のみ、あるいは半日在宅勤務して残りの半日を有給休暇や会社にて勤務など半日単位での導入もできます。

しかし、会社にとっては、労働時間や仕事の進捗状況の管理の仕方、会社に評価制度がない場合は、人事評価の公平性の問題など、労務管理の難しさも一方であります。また、在宅勤務時にかかった通信費や光熱水費など諸経費を手当として支給するのか、通勤交通費をどうするのか、さまざまな取り決めも必要になります。したがって、就業規則できちんとしたルールを定め、また、在宅勤務を可能とするために、契約書の変更も行う必要があります。

ちなみに、会社は、労働時間の把握について「労働時間の適正な把握のために使用者が講ずべき措置に関するガイドライン」（平成29年1月20日策定）に基づき、適切に労働時間管理を行わなければなりません。ガイドラインでは、原則的な方法として、パソコンの使用時間の記録などの客観的な記録で管理をすることが挙げられています。しかし、勤怠管理システムなど、IT機器やその他周辺機器、関連ソフトなどを購入し、在宅勤務のために本格的にIT化を進めることを考えていると、実現するのに時間やコストがかかります。まずは、会社が労働時間を把握する手段として、本人に電話やメール等で始業、終業時刻を通知してもらい時間を把握することでも良いでしょう。

また、在宅勤務等に際しては、従業員が一時的に業務から離れる時間が生じやすいと考えられています（以下「中抜けの時間」という）。この中抜け時間について、会社が業務の指示をせずに、従業員が仕事を離れ、自由に利用することが保障されている場合には、その開始と終了の時間を会社に報告させること等により、休憩時間として扱うことができます。そして、本人のニーズに応じて、休憩をとったことによる終業時刻の繰り下げや時間単位の有給休暇として取り扱うこともできます。ただし、就業時刻の繰り上げや繰下げについては、あらかじめ就業規則に定めておく必要があります。

その他、労働時間管理として、フレックスタイム制や事業場外みなし労働時間制を導入することも一つの方法としてあります。まず、導入のためには、必要事項を就業規則に定めておくこと、そして、フレックスタイム制はさらに労使協定の締結が必要です。

また、事業場外みなし労働時間制は、実際に働いた時間にかかわらず、就業規則で定めた所定労働時間を就業したとみなす制度ですが、いくら就業規則で定めても、会社の具体的な指揮監督が及ばず、労働時間を算定することが困難でなければ適用できない制度です。その為には、以下の2つの要件を満たす必要があります。

(1)　パソコンや携帯電話などの情報通信機器が、使用者の指示により常時通信可能な状態におかれていないこと。

つまり、使用者はパソコンや携帯電話で随時具体的な指示を行い、かつ本人は、具体的な指示に備えて待機しながら仕事をしている、あるいは手待ち状態で待機している状態ではいけません。たとえば、従業員は、自由にパソコンや携帯電話などの情報通信機器から離れることや電源を切断することが認められていること、そして携帯電話についても即応の義務が課されていないことが明らかである必要があります。

⑵　随時使用者の具体的な指示に基づいて業務を行っていないこと

ただし、業務の目的、目標、期限などの基本的な事項を指示することやその変更は含まれません。

したがって、会社で指揮命令を受けて仕事をしている従業員が、在宅勤務になった場合、通常は、勤務場所が会社ではなく、自宅に変わったというだけなので、この要件を満たすことは現実的には難しいと考えられます。在宅勤務に導入するには困難な労働時間管理の制度かもしれません。

③　休職制度

休職とは、業務外での私傷病（病気やケガ）等のため、一定期間仕事を休んで療養が必要な場合に、従業員の勤務をその期間免除するもので、従業員の回復を待ち、従業員の解雇を猶予します。会社独自の制度なので、自由に設計できますが、制度を導入している場合は、うつなどのメンタル疾患に対応したものが多いかもしれません。例えば、同一傷病が復職後６か月の間に再発した場合に前の休職期間を通算する規定です。会社は、安全配慮義務*があるので、本人が十分回復していない状態で復職し、かえって病状が悪化することや、再度の休職を避けるためにこのような規定を置いています。そこで、がんなどの長期療養者を対象にした制度に変更するためには、例えば、再発した場合でも前の休職期間との通算をしないように、通算規定を免除し、たとえ再発した場合でも、新たな休職として取り扱いやすくすることが考えられます。また、復職が見込まれる場合は休職期間を延長できるなどの規定に変更することも考えられます。

＊労働契約法５条で「使用者は、労働契約に伴い、労働者がその生命、身体等の安全を確保しつつ労働することができるよう、必要な配慮をするものとする」として、使用者が労働者に対して負うべき労働契約上の付随義務を定めています。

●相談窓口の設置

従業員が安心して相談できるように、相談窓口の設置や相談場所も考慮し、相談が行われた場合の本人の情報の取扱い等についても明確にしておきましょう。たとえば、担当者と会社との間で、守秘義務契約を結ぶことや情報の開示の範囲、保管方法等を決めます。

●休職に入る前の準備

本人が休職に入る前には、休職期間を明記している主治医の診断書と会社に休職願を提出してもらいます。また、会社は、本人に休職通知書と休職期間の満了日、休職中の定期的な会社への治療経過の報告の時期や連絡方法、休職中の社会保険料や住民税等の支払い方法、傷病手当金の申請準備の仕方などを記載した文書を本人に渡します。そして、休職期間が延長になりそうな場合あるいは復職する場合の会社への報告の時期なども決めておくと良いでしょう。また、本人と相談し、誰にどこまで休職の理由を伝えて良いのかを確認したうえで、復職するまで職場の協力が得られるように体制を整えておく必要があります。

2　復職時

●診断書の提出と職場復帰の可否の判断

会社は復職ができるかどうかを判断するため、主治医からの診断書の提出を求めます。もし、復職可能ならば、従業員の体調が就業可能であるレベルに達していることを主治医の意見として記入してもらいましょう。そのうえで、診断書に就業上の配慮などを主治医に記載してもらいます。そこで、通常の診断書だと簡単に“復職可能とする”ぐらいしか記載されないことがあるため、両立支援のためのガイドラインにあるつぎの「治療の状況や就業継続の可否等について主治医の意見を求める際の様式例」を参考に、会社の方で取得したい情報項目を加筆します。例えば所定労働時間の勤務や残業の可否等を確認できる欄を設けても良いと思います。その修正した内容の様式を用意し、主治医に記入してもらいますが、その際に、主治医にはあらかじめ、休職前に就業していた職種、業務内容や作業場所、管理職などの職位、勤務時間などの基礎情報を提供しておくことをおすすめします。

なぜならば、会社は、本人が休職前の仕事をどのくらいまでできるのか、回復のレベルがわかりません。また、治療と仕事の両立支援を必要とする従業員の中には、がんの症状や治療の副作用、手術後の後遺症等によって、業務遂行能力が一時的に低下する場合があります。したがって、今後の就労や業務内容について検討していく際に、主治医からの意見は非常に重要なものとなります。なお、主治医から提供された情報が、両立支援の観点から十分でない場合は、従業員本人の同意を得た上で、産業医等が主治医からさらに必要な情報を収集することもできます。このようにして、復職予定日前に、診断書兼意見書を本人に準備してもらい、復職の判断をします。

復職可能と会社が判断した場合には、復職日前に、事前に会社にて面談の機会を作ります。その際に今後の仕事内容を検討していくうえで、就業上配慮すべき点、本人の要望、今後の治療計画を提示してもらい、復職後について話し合う機会を設けると良いでしょう。もし、面談および診断書等や産業医、職場の上司等の意見を勘案した結果、業務の変更や配置転換、労働時間の短縮等が必要の場合は、本人にその旨を伝え同意を得ておく必要があります。

●復職後のフォローアップ

復職後は、定期的に面談を行い、治療状況の確認、勤務状況と業務遂行能力の評価などを確認します。面談内容は、面談票を作成し記録しておきましょう。

そして、就業上の配慮としては業務内容等によっても違いますが、短時間勤務、軽作業や定型業務への従事、残業・深夜残業の禁止、出張制限、交代勤務制限、危険作業、運転業務、高所作業、窓口業務、転勤についての配慮が考えられます。

また、本人の就労上の制度の利用や治療に対する会社の配慮を行うことにより、周囲の同僚や上司等にも一時的に負荷がかかります。そのため、本人にも確認したうえで、それらを実施するために必要な情報に限定し、負荷がかかる同僚や上司等には可能な範囲で情報を開示し、周りに過度の負担がかからないようにすることも検討する必要があります。

もし、治療後の経過が悪く、病状の悪化により、就労が難しくなったときは、本人の意向も考慮しながら、主治医や産業医等の意見を求め、治療や症状の経過に沿って、会社は就業継続の可否について慎重に判断する必要があります。また、主治医や産業医等が、就労のため病状が著しく悪化するおそれがあるので、就労は困難であると判断した場合に、会社は、労働安全衛生法68条に基づき、就業禁止の措置を取る必要があります。

図表3　復職復帰支援の流れ

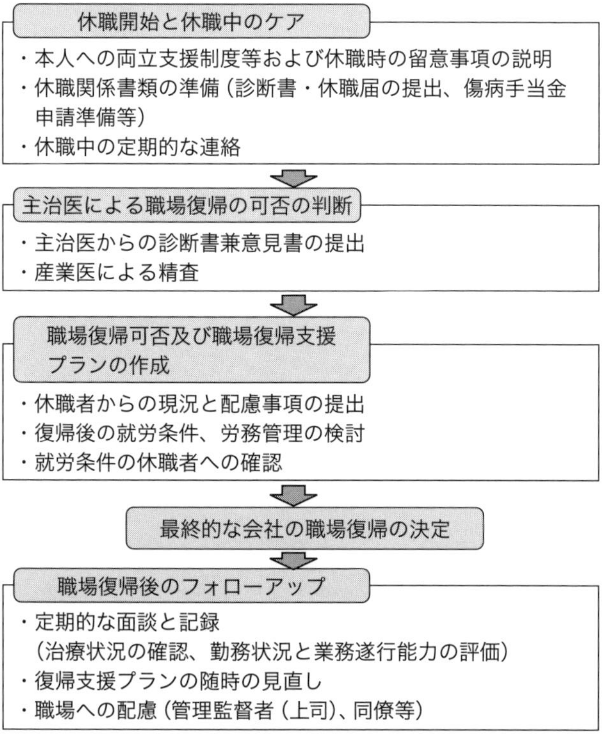

（出所：筆者作成）

治療の状況や就業継続の可否等について主治医の意見を求める際の様式例
（診断書と兼用）

患者氏名		生年月日	年　　月　　日
住所			

病名	
現在の症状	（通勤や業務遂行に影響を及ぼし得る症状や薬の副作用等）
治療の予定	（入院治療・通院治療の必要性、今後のスケジュール（半年間、月１回の通院が必要、等））
退院後／治療中の就業継続の可否	□可　　　　　（職務の健康への悪影響は見込まれない） □条件付きで可（就業上の措置があれば可能） □現時点で不可（療養の継続が望ましい）
業務の内容について職場で配慮したほうがよいこと（望ましい就業上の措置）	例：重いものを持たない、暑い場所での作業は避ける、車の運転は不可、残業を避ける、長期の出張や海外出張は避ける　など 注）提供された勤務情報を踏まえて、医学的見地から必要と考えられる配慮等の記載をお願いします。
その他配慮事項	例：通院時間を確保する、休憩場所を確保する　など 注）治療のために必要と考えられる配慮等の記載をお願いします。
上記の措置期間	年　　月　　日　～　　年　　月　　日

上記内容を確認しました。
令和　　年　　月　　日　　（本人署名）＿＿＿＿＿＿＿＿＿＿＿＿

上記のとおり、診断し、就業継続の可否等に関する意見を提出します。

令和　　年　　月　　日　　（主治医署名）＿＿＿＿＿＿＿＿＿＿＿＿

（注）この様式は、患者が病状を悪化させることなく治療と就労を両立できるよう、職場での対応を検討するために使用するものです。この書類は、患者本人から会社に提供され、プライバシーに十分配慮して管理されます。

第5節 がん就労者が活用できる法制度

がん就労者は、治療と生活、治療と就労の両立という難しい問題を背負うわけですが、そんながん就労者に対する医療費や生活費などを支援する法制度の知識も重要になります。以下、この点について解説します。

1　高額療養費について

生活が変化し、就労可能になるまでの資金繰りや将来に向けての生活費や治療費など経済的な点も考えなくてはいけません。治療費もかさむため、加入する健保組合等に高額療養費の申請ができることを覚えておくと良いでしょう。

高額療養費とは、同一月（1日から月末まで）にかかった窓口で支払う医療費の自己負担額が高額になった場合、一定の金額（自己負担限度額）を超えた分が、あとで払い戻される制度です。自己負担限度額は、図表4の通り、年齢と所得区分（給与・報酬等）に応じて決められています。入院時の食事負担や保険対象外の差額ベッド代、自費診療や先進医療費などは対象になりません。また、高額療養費を請求する場合は、病院ごとに医科と歯科、入院と外来を分けて計算しますが、窓口負担が69歳以下は21,000円以上のものについて、70歳以上は窓口負担の額にかかわらず、それを合算して自己負担限度額を超えた金額について、高額療養費を請求できます。国民健康保険の場合は、世帯合算という考えなので、世帯主に全額戻ります。

また、高額療養費の手続きには時効があり、診療を受けた月の翌月の初日から2年です。したがって、この2年間の消滅時効にかかっていない高額療養費であれば、過去にさかのぼって支給申請できます。

〈69歳以下の場合〉

標準報酬月額38万円の被保険者（父）の場合

80,100円＋（医療費（10割）－267,000円）×1％の計算式を使用します

A皮膚科（父）

自己負担額45,000円

自己負担額が21,000円以上なので合算できる。

B歯科（父）

自己負担額60,000円

世帯の負担上限額＝80,100円＋{（A皮膚科の医療費（10割）150,000円＋B歯科の医療費（10割）200,000円）－267,000円}×1％＝80,930円（自己負担限度額）

A皮膚科の自己負担額45,000円＋B歯科の自己負担額60,000円－80,930円＝24,070円

高額療養費24,070円

〈70歳以上の場合〉

同じ月に複数の病院に受診した73歳（祖母）の場合
自己負担額が21,000円以上でなくても合算できる

A皮膚科
自己負担額7,000円

B歯科
自己負担額9,000円

Cクリニック
自己負担額3,000円

D病院
自己負担額1,000円

外来自己負担上限：18,000円の場合（所得区分：一般）

祖母の自己負担総額：20,000円
（内訳：A皮膚科での自己負担額7,000円＋B歯科での自己負担額9,000円＋Cクリニックでの自己負担額3,000円＋D病院での自己負担額1,000円）

20,000円－18,000円＝2,000円
高額療養費　2,000円

●限度額認定証

高額療養費は受診した月から3～4か月経過してから支給されますので、医療費が高額になることが予想される場合には、「限度額適用認定証」を用意す

ると良いでしょう。これを病院の窓口で提示すると、高額療養費の請求をしなくても、窓口で本人の自己負担限度額を支払えば済みます。「限度額適用認定証」は健保組合等に申請すると発行してもらえます。ただし、複数の病院にかかっている場合や世帯合算、多数回該当（次ページで説明）で請求する場合は、窓口では自己負担額を全額支払い、後日、高額療養費を請求することになります。

●世帯合算

高額療養費は世帯合算ができます。世帯とは住民票上の世帯とは異なり、同じ医療保険に加入している家族になります。例えば、会社に勤務する被保険者とその被扶養者は住所が違っていても同じ医療保険に加入しているので、同じ世帯として合算できます。一方、同居家族の後期高齢者医療制度に加入の被保険者（父）と健康保険組合の被保険者（子）は加入する保険制度が違いますので、世帯合算ができません。

69歳以下の同一世帯の家族（被保険者と被扶養者）が、1か月に21,000円以上の自己負担額（個人ごと、医療機関ごとに分けて計算。同じ医療機関でも医科と歯科は別々の計算）が2件以上あり、かつ同一世帯の自己負担額を合算して自己負担限度額を超えた場合には、世帯で支払った自己負担総額から自己負担限度額を差し引いた額が高額療養費として支給されます。もし、70歳以上が世帯家族に含まれる場合は、69歳以下とは自己負担限度額の計算方法が違いますので、まず70歳以上の家族の計算を単独で行ってから、69歳以下の同一世帯の家族との世帯合算をします。

標準報酬月額38万円の被保険者（父）の場合

80,100円＋(医療費(10割)－267,000円)×1％の計算式を使用します

A 整形外科（父）

自己負担額45,000円

自己負担額が21,000円以上なので合算できる

B 歯科（子）

自己負担額75,000円

世帯の負担上限額＝80,100円＋{(父の医療費(10割)150,000円＋子の医療費(10割)250,000円)－267,000円}×1％＝81,430円

（自己負担限度額）

父の自己負担額45,000円＋子の自己負担額75,000円－81,430円＝38,570円

高額療養費　38,570円

●多数回該当

同一世帯で、高額療養費として払い戻しを受けた月数が直近12か月で3月以上あった場合に、4月目（多数回該当）からは自己負担限度額がさらに軽減されます。直近12月に3回以上高額療養費に該当した月があるか、毎月確認をします。ただし、転職などで健康保険組合から国民健康保険に移るなど、途中で加入する医療保険が変わった場合は、変わる前の医療保険で高額療養費の支給を受けた回数を通算できません（協会けんぽに加入していて、転職などで管轄する都道府県支部が変わっただけの場合は、通算されます)。

図表4　高額療養費の自己負担限度額

●69歳以下の場合

所得区分	自己負担限度額（世帯ごと）	多数回該当
年収約1,160万円～ (標準報酬月額83万円以上)	252,600円＋(医療費－842,000円) ×1％	140,100円
年収約770万円～約1,160万円 (標準報酬月額53万～79万円)	167,400円＋(医療費－558,000円) ×1％	93,000円

年収約370万円～約770万円 （標準報酬月額28万円～50万円）	80,100円＋（医療費－267,000円） ×1％	44,000円
年収約370万円以下 （標準報酬月額26万円以下）	57,600円	
低所得者（住民税非課税）	35,400円	24,600円

（注）自己負担限度額に記載されている医療費とは、総医療費（10割）を指します。

●70歳以上の場合

所得区分	高齢受給者証負担割合	所得区分	自己負担限度額 外来（個人ごと）	自己負担限度額 外来・入院（世帯）	多数回該当
現役並みⅢ	3割	年収約1,160万円～ （標準報酬月額83万円以上）	252,600円＋（医療費－842,000円）×1％		140,100円
現役並みⅡ		年収約770万円～約1,160万円 （標準報酬月額53万～79万円）	167,400＋（医療費－558,000円）×1％		93,000円
現役並みⅠ		年収約370万～約770万円 （標準報酬月額28万～50万円）	80,100円＋（医療費－267,000円）×1％		44,000円
一般	2割*	年収156万～約370万円以下 （標準報酬月額26万円以下、課税所得145万円未満等）	18,000円 （年間上限144,000円）	57,600円	
住民税非課税	2割*	Ⅱ．住民税非課税（Ⅰ以外）	8,000円	24,600円	―
		Ⅰ．住民税非課税 （年金収入80万円以下など）		15,000円	

＊　75歳以上は1割負担。

（注）

・後期高齢者の現役並みⅢの所得区分は課税所得が690万円、Ⅱは380万円以上、Ⅰは145万円以上、一般は145万円未満です。

・標準報酬月額28万円以上の人は、住民税非課税（住民税の支払額が0円）に該当しても区分は現役並みとなります。

・Ⅰの住民税非課税は、世帯全員が年金収入80万円以下で、その他の所得がない人を指します。

次の図は、医療機関の窓口で提示する年齢別、所得別（所得区分は前年の所得で判定）の限度額認定証の種類です。なお、同じ世帯に、後期高齢者医療制度に加入している家族がいる場合は、加入している医療制度が違いますので、健康健康保険組合等に加入の家族とは別に扱います。そして、その後期高齢者医療制度に加入している世帯の中で一番所得の高い人の所得区分に、低い人も合わせます。たとえば祖父が現役並みⅢだった場合、祖母が所得無しだったとしても同じく現役並みⅢの所得区分の扱いになります。

図表5　窓口での支払いを自己負担限度額にするための証明書

<table>
<tr><th></th><th>70歳未満</th><th>70歳以上75歳未満</th><th>75歳以上</th></tr>
<tr><td>現役並みⅢ</td><td rowspan="3">限度額適用認定証</td><td>高齢受給者証</td><td>後期高齢者医療被保険者証</td></tr>
<tr><td>現役並みⅠ、Ⅱ</td><td>限度額適用認定証
高齢受給者証</td><td>後期高齢者医療限度額適用認定証
後期高齢者医療被保険者証</td></tr>
<tr><td>一般</td><td>高齢受給者証</td><td>後期高齢者医療被保険者証</td></tr>
<tr><td>住民税非課税世帯</td><td colspan="3">限度額適用・標準負担額減額認定証</td></tr>
</table>

＊70歳以上75歳未満の人のうち、所得区分が現役並みⅠ、現役並みⅡの人は「健康保険証」、「高齢受給者証」、「限度額適用認定証」を、所得区分が一般、現役並みⅢの人は「健康保険証」、「高齢受給者証」を医療機関窓口に提示することで自己負担限度額までの支払いになります。

＊Ⅰ、Ⅱ住民税非課税世帯の人は、「限度額適用・標準負担額減額認定証」を示すと、適用されます。

2　傷病手当金の申請

就労と治療の両立を支援するものとして、傷病手当金制度も活用できます。傷病手当金とは、被保険者が私傷病で療養のために仕事を休み、その間給与等が支払われないときに、被保険者の生活費を保障するために給付されるものです。

支給期間は、支給を開始した日から起算して1年6か月ですが、たとえば、復職したが、再発して再休職した場合、支給を始めた日から1年6か月以内であれば、再休職した期間も給付されます。

しかし、治癒等からある程度期間が経って再発した場合、原則、一度申請した傷病と同一の傷病は、再申請できません。ただし、がんや精神疾患など再発をする可能性の高い病気でも、「社会的治癒」として、認められることがあります。「社会的治癒」とは、医学的な治癒という考え方とは異なり、最初の病気と再発との間に相当期間に渡って社会復帰（職場復帰等）をしていた場合は、社会通念上「治癒」したものとみなし、最初の病気と再発は同一ではないとするものです。その場合、再発は新たな病気となり、傷病手当金を最長1年6か月受給できます。

もし、治癒できずに会社を退職した場合、資格を喪失する日の前日までに継続して1年以上被保険者であった人は、資格を喪失した際に現に受けていた傷病手当金を引き続き受給できます。そして、支給開始から1年6か月経つかあるいはその前に就労可能になるまで傷病手当金を受けられます。

しかし、傷病手当金を受給している間は、失業給付を受けられません。ただし、第2章の失業給付の箇所で述べたとおり、退職後、居住地のハローワークに申請すると、就労できない間、失業給付の受給を猶予してもらえます。

したがって、失業給付の受給期間を最長、離職日の翌日から4年以内まで延長することができるので、その期間内であれば、傷病手当金の受給後に、失業給付を受給できます。また、延長申請は、妊娠、出産、介護、私傷病等の理由により引き続き30日以上職業に就くことができなくなった日の翌日から可能で、たとえ、申請が遅くなったとしても4年以内まで、延長申請手続きができます。

そして、延長期間の終了後にハローワークにて求職の申込後、たとえ、本人が自己都合で退職していたとしても、3か月の給付制限はかかりません（一部例外あり）。しかし、待期期間の7日後、基本手当の所定給付日数分を受給期間満了日までに受給できなければ、残った所定給付日数は受けられませんので、この点を留意し、手続きをしてください。

ちなみに、ケース1は、退職後、傷病手当金を6か月受給し、その間失業給付の延長を行って、就労可能になってから失業給付を受けたケースです。

この場合、給付制限はありませんので、求職の申込をして7日後に受給開始になります。そして、延長期間が終了してから1年以内にすべての所定給付日数を受給できるように、早めに求職の申し込みを行う必要があります。

ケース2は、病気で退職後すぐに就職できないので、退職日の翌日から30日経過して延長申請を行ったケースです。この例では、病気が長引いて、延長期間を3年10か月としていますが、延長期間の終了後、受給開始になってから、所定給付日数が受給期間満了の4年までに全て受給できなければ、残日数の基本手当は受給できなくなります。

図表6　傷病手当金の受給と失業給付の延長申請について

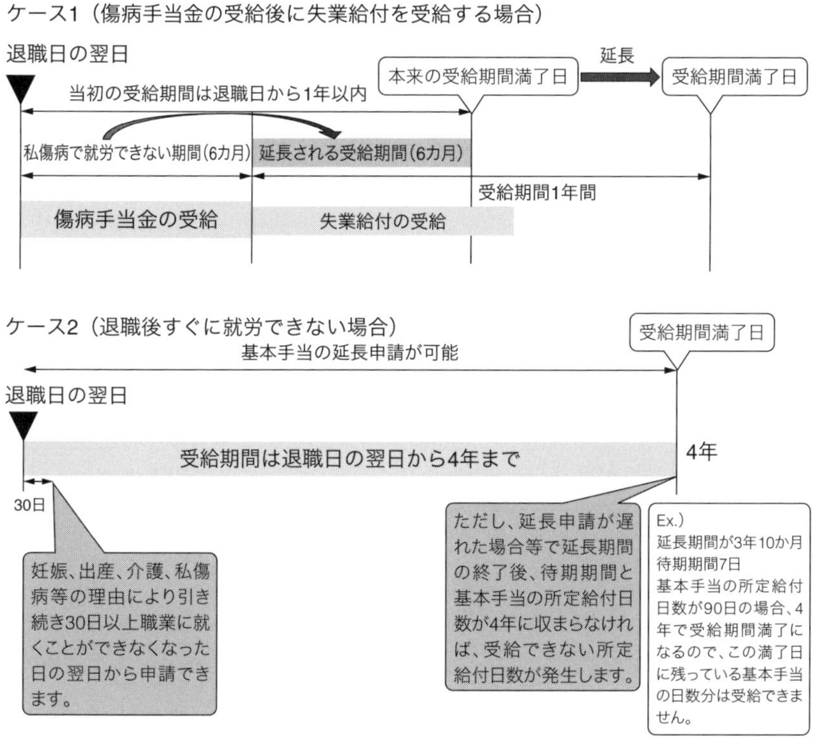

【傷病手当金の支給要件】

◇療養のため労務不能であること

療養は病気やケガで医師の指示による療養中であれば、入院、通院は問いません。労務不能とは病気やケガのために今までの仕事に就けないことをさします。

◇4日以上休んだとき

労務不能になって休み始めた日から、連続した3日間は待期期間になります。4日目から給付の対象になります。

◇休んだ期間について給料等がもらえないこと（待期期間は有給でも構いません）

会社から給料等は支払われても、その金額が傷病手当金より少ないときは、その差額が支給されます。しかし、短時間でも就労した場合、その日は給付の対象になりません。

図表7　傷病手当金の支給要件

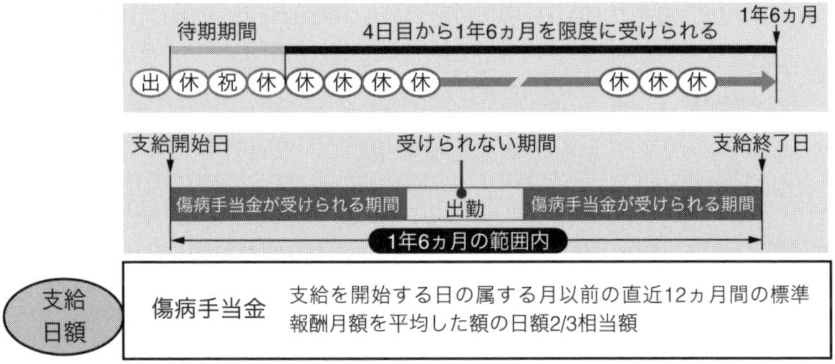

●支給開始日以前の期間が12か月に満たない場合

1日あたりの金額は、次の額のうち、どちらか少ない方を30で割った額の3分の2です。

(1)　支給開始日の属する月以前の直近の継続した各月の標準報酬月額を平

均した額

(2)　支給開始日の属する年度の前年度の9月30日における全被保険者の同月の標準報酬月額を平均した額

また、資格喪失日の前日まで継続して1年以上被保険者であり、下記の全ての要件を満たしている場合は、退職後も引き続き給付を受けることができます。

◇1年以上被保険者であった者で退職時に現に傷病手当金を受けていたか、受けられる状態（休んでいるが給与が支給されている場合など）であること。（退職日にたとえ半日でも勤務した場合は対象になりません）

◇同一疾病（病名が違っても、症状や原因が同じものは同一疾病となります）によって退職後も労務不能状態が続いていること。

◇支給開始日から1年6か月の範囲であること。

◇退職後は断続して受けることはできません（1日でも「働いた日」「医師が労務不能と認めていない日」があれば、同一疾病で再び労務不能になったとしてもその後の傷病手当金は支給できません。）

●傷病手当金の支給調整

次の（1)～(5）に当てはまる場合、傷病手当金は支給されませんが、その額が傷病手当金の額を下回るときは、差額が給付されます。

(1)　給与の支払があった場合

(2)　障害厚生年金・障害手当金を受けている場合

(3)　老齢（退職）年金を受けている場合

(4)　労災保険の休業補償給付を受けている場合

(5)　出産手当金も同時に受けられる場合

3　障害年金の申請

障害年金については、第2章で詳細を述べていますので、ここでは、障害になった原因ががんの場合について、少しだけ述べます。がんは、身体の機能低下や衰弱等の症状が明確になるまでに時間を要することがあります。一方で急激に悪化することもありますので、申請しても受給期間が短くなることがあります。したがって、進行性のがんの場合、急いで障害年金の請求をする必要があります。

障害年金は原則として初診日から1年6か月経過した日以後に請求が可能になります。また、支給が認められた日から1年経過し、状態が悪化している場合には、上位等級への変更請求（額改定請求）が認められます。しかし、例外として、例えば、大腸がんで人工肛門を造設した場合には障害認定日の特例があります。その場合、人工肛門を造設した日から起算して6か月を経過した日が障害認定日となり、3級以上の該当と認定されます。

また、がんが併発したり、治療の結果生じた障害、例えばうつ病になったりする場合には、複数の障害を請求し「併合認定」されることがあります。「併合認定」とは、障害が複数ある場合に、それらの障害を併せて等級判定を行う認定方法です。その場合、単独傷病での請求と比較すると、受給可能性が高くなる、あるいは、より上位等級での受給の可能性が高くなることがあります。

その他、がんの場合、障害認定日（初診日から1年6か月が経過した日又はそれ以前に傷病が治癒した日）の時点では症状が軽く、障害等級に該当しない場合であっても、その後に再発・悪化し、障害等級に該当して障害年金の請求を行うことが多くなります。第2章でも述べた、これを事後重症の障害年金請求と言いますが、ただし、65歳の誕生日の前々日までに請求しなければなりません。また、事後重症請求の受給権は、請求した月に発生し、支給はその翌月からになります。したがって遡及して年金が支給されませんので、事後重症の請求は、速やかに請求することが特に重要です。

●がんの障害等級の基準について

障害基礎年金および障害厚生年金の各等級の認定基準については、第2章に述べていますが、がんによる障害の程度は、組織所見とその悪性度、一般検査及び特殊検査、画像検査等の検査成績、転移の有無、病状の経過と治療効果等を参考にして、具体的な日常生活状況等により、総合的に判断します。また、この疾病の認定の時期以後、少なくとも1年以上の療養が必要とする障害の程度でなくてはなりません。

●がんの障害認定の要点について

がんは、全身のほとんどの臓器に発生するため、現れる病状は様々であり、それによる障害も様々です。そして、がんの障害は、①がんによって生じる局所の障害、②がんによる全身衰弱又は機能障害、③抗がん剤などの治療が原因で起こる全身衰弱又は機能障害に区分されます。したがって、化学療法や放射線治療による治療の副作用も対象になります。障害の程度を表すと、次のとおりです。

図表8　一般状態区分表

区分	一般状態
ア	無症状で社会活動ができ、制限を受けることなく、発病前と同等にふるまえるもの。
イ	軽度の症状があり、肉体労働は制限を受けるが、歩行、軽労働や座業はできるもの。例えば、軽い家事、事務など。
ウ	歩行や身のまわりのことはできるが、時に少し介助が必要なこともあり、軽労働はできないが、日中の50％以上は起居しているもの。
エ	身のまわりのある程度のことはできるが、しばしば介助が必要で、日中の50％以上は就床しており、自力では屋外への外出等がほぼ不可能となったもの。
オ	身のまわりのこともできず、常に介助を必要とし、終日就床を強いられ、活動の範囲がおおむねベッド周辺に限られるもの。

（出所：厚生労働省「国民年金・厚生年金保険　障害認定基準」）

そして、がんの障害の程度は、基本的には認定基準（第2章に記述）に掲げられている障害の状態を考慮するものですが、各等級に相当すると認められるものを一部例示すると次のとおりです。

図表9　障害の程度

障害の程度	障　害　の　状　態
1級	著しい衰弱又は障害のため、一般状態区分表のオに該当するもの。
2級	衰弱又は障害のため、一般状態区分表のエ又はウに該当するもの。
3級	著しい全身倦怠のため、一般状態区分表のウ又はイに該当するもの。

（出所：厚生労働省「国民年金・厚生年金保険 障害認定基準」）

第6節　キャリア・サポートする際の「心のケア」の重要性

当職が相談業務をしていると、自分が「がん」に罹患していることをあまり人に言いたくない、あるいは必要最低限の人には言わざるをえないが、社内にはできるだけ内密にしておきたいという話を多く聞きます。

当職の友人は、周囲に「がん」であることをほとんど告げず、会社にも週3回、亡くなる直前の2か月ぐらいまで勤務していました。最後に会ったのは友人が亡くなる4か月前で、一緒に数人の友人で1泊2日の旅行をしたのですが、実は当時、友人が深刻な状態であるということを知りませんでした。彼女は、一緒に旅行に行った少し前まで1年ぐらい休職しており、原因は“うつ病”だと言っていたので、その当時、週3日の勤務は復職後のリハビリ勤務であり、身体が慣れるまで短時間勤務をするのだと思っていました。たしかに、うつ病もわずらっていたのかもしれませんが、彼女は、気丈にもその素振りを直接的には全く見せませんでした。今思うと、「がん患者」としての複雑な気持ちを少し垣間見た感じがします。

就労支援をするにあたっては、このような特殊性をもった「がん患者」の気持ちをある程度理解してサポートしていくことが必要になってきます。患者はさまざまな不安を抱えており、情緒が不安定なため、十分な受容と患者への発言への配慮を行ったうえでの就労上のアドバイスが必要になります。その患者の心情を押しはかるうえで、参考になるのが、精神科医であるエリザベス・

キュブラー・ロスの著書『死ぬ瞬間』です。末期のがん患者200人以上に対し行ったインタビュー調査を通じて、がんの診断から死に向かうまでの心の移り変わりを記しています。彼女が提唱しているモデルでは、患者はつぎの5段階の経過を辿るとしています。

> ①　否認
>
> 悲しい事実を直視することができず自分のことではないと事実を認めようとしない。
>
> ②　怒り・激情・妬み・憤慨
>
> 「どうして私なのか」という疑問が頭をもたげる。例えば、その感情が、医師や看護師に向けられた場合は、「医師が良くない、どんな検査をすべきか、どんな食事制限をすべきか彼らはわかっていない」と思う。家族に対しては、愛想がわるくなる等。
>
> ③　取引
>
> ある願いを叶えるまでは延命させてほしいなど「避けられない結果」を先に延ばすために神にすがる。
>
> ④　抑うつ
>
> 経済的な負担がかかる、死へのこころの準備などでうつ状態となる。
>
> ⑤　受容
>
> ある程度の期待を持って最後の時が近づくのを静観するようになる。感情がほとんど欠落した状態である。

もちろん、このモデルが全てのケースに当てはまるわけでもなく、また、がん患者の全てが末期患者であるわけではありません。しかし、この本では、精神的苦痛に焦点を当てており、末期がんの患者の繊細な心の機微を分析しているのですが、ここからがんに罹患した就労者に対してどのようなコミュニケーションや対応をしていくのが望ましいのかが推測できます。それだけ、がん患者は肉体的、経済的な不安だけではなく、精神的にも複雑な苦痛をともなっているのです。

そして、当職も相談を受けている中で、多くの人が、病気と闘っていても社会の何かの役に立ちたい、また、生きがいを仕事に向けていると感じます。そして、薬の副作用などで、今まで通り仕事ができないもどかしさともっと仕事がしたいという葛藤を抱えていることも感じます。その気持ちを乗り越えていくまでが困難であり、時間もかかることだと思います。

また、闘病の渦中にいるため、気持ちが高ぶり、冷静な判断ができない時もあります。例えば、長年勤務している会社を辞めようと考える人もいます。そういった時には、将来後悔しないように本人の今までのキャリア、仕事への考え方、要望、サポートしてもらえる家族、治療計画、利用できる資源や法的制度などをトータルで考え、現状の置かれている環境をくみ取り、一番本人にとって良い選択ができるようにサポートしていくことが大切であるように思います。もし、今までどおりの働き方ができなければ、将来に向けてのキャリアの修正を行うことになるかもしれません。その場合、これまでのキャリアの棚卸を行い、今まで仕事をするうえで、何を一番大切にし、今後何を大切にしていきたいのか、この機会にじっくり考えてもらえるようにサポートすることも必要となるでしょう。

第6章

うつなどの精神疾患があるケース

第1節　メンタルヘルス対策への取組み

1　メンタルヘルス不調者を取り巻く環境

2017年3月28日に「働き方改革実行計画」が策定され、「女性・若者の人材育成など活躍しやすい環境整備」、「罰則付き時間外労働の上限規制の導入など長時間労働の是正」、「柔軟な働き方がしやすい環境整備」、「病気の治療と仕事の両立」など、13の計画をもとに、働き方改革実現のために取組が進んでいます。その「罰則付き時間外労働の上限規制の導入など長時間労働の是正」の取組の中で、「パワーハラスメント対策、メンタルヘルス対策」を掲げており、労働者が健康に働くための職場環境の整備のために、労働時間管理の厳格化と併せて、上司や同僚との良好な人間関係づくりを推進することとしています。

その背景には、国立研究開発法人国立精神・神経医療研究センターによるとうつ、躁うつ病の外来者数は2015年度が309万人、2016年度が約317万人、2017年度が約327万人と増加傾向にあります。

また、東京労働局の民事上の個別労働紛争の相談件数をみると、これまでは、解雇の事案が1番多い相談件数でした。しかし、2012年からパワーハラスメントの相談件数に逆転しているという現状があります。そして、精神障害の労災認定の基準で心理的負荷が最も強度であるとして認識されている出来事の1つにパワーハラスメントや長時間労働があります。このような点からも、会社のメンタルヘルス対策とパワーハラスメント、長時間労働の対策の取り組みは関係しています。

2　メンタルヘルス対策を行う理由

長時間労働が続く場合は、うつ病などの精神疾患にかかる可能性や過労死のリスクが医学的な見地から高まりますが、生活時間から逆算して考えると納得でき、睡眠時間に影響を及ぼすことが明らかです。2019年の4月から大企業が、

2020年4月からは中小企業を対象に、36協定での残業時間の上限規制が強化されました。具体的には、1か月の残業時間の上限は原則として月45時間、年360時間ですが、臨時的な特別の事情がある場合でも、1か月100時間未満（休日労働含む）、隣接する2か月〜6か月の平均が80時間以下（休日労働含む）に設定するように義務づけられました。また、年間の残業時間も720時間以内となっています。この80時間、100時間という数字は長時間労働を見る上での労災認定基準にもありますが、図表1に示す通り、睡眠時間が5、6時間と少なくなるので、これを継続すると何らかの不調が身体に出ることが予想できます。

図表1　残業時間と睡眠時間との関係

1日　24時間

通勤	1時間			
食事、風呂、余暇など	4時間			
法定労働時間および休憩1時間	9時間			
残時間	10時間			
睡眠時間	5	6	7	8（時間）
1日の残業時間	5	4	3	2（時間）
おおよその月の残業時間	100	80	60	45（時間）

睡眠時間、残業時間からみた
精神疾患、脳・心疾患の増加

（出所：筆者作成）

このように、長時間労働と精神疾患に罹患する可能性は相関関係があることから、法律で長時間労働を規制しています。しかし、時間管理が難しい職種や取引先との関係で、長時間労働を防ぐことが難しい業種があります。また、納期の直前など、一時的に長時間労働になってしまうこともあります。このような場合、自分では、対処が難しいこともありますが、自分自身がメンタルヘルスに関する基礎知識を持ち、精神疾患にかからないように留意することも大切です。

実際に、以前、会社側がうつ病等に関する知識が乏しく、うつにかかった従業員を休ませず、本人の主張通りに働かせてしまった結果、ある日突然、自殺をしてしまったことがありました。

また、一般的に社会に出たばかりの新卒社員は早く仕事を覚えようと、まじめに一生懸命に働きますが、まだ、自分で仕事や自分のコントロールをするのが難しいです。しかし、会社も早く速戦力になって欲しいので、新人教育をしっかりしなければいけないという気負いもあり、つい厳しく接し、それがハラスメントに発展してしまうことがあるでしょう。また、会社は他のベテラン社員と同じように、自主性に任せた雇用管理をしてしまった結果、本人は長時間労働をコントロールできず、うつになることもあるのではないでしょうか。本人も会社もメンタルヘルスに関する知識が乏しい場合は、うつに罹患していても気づかず、会社を少し休んだら体調がもどるだろうと考え、そのまま放置してしまうことも少なからずあると思います。うつは、初期の迅速な対応が極めて重要なのですが、それとは気づかずに時間が経過してしまい、うつが治りにくい状態にまで発展してしまうことも少なくないのです。キャリアコンサルタントがキャリア相談を受けた場合に、本人が体調に不安を感じているようであれば、職場での勤務状況も確認して、セルフケアのアドバイスや場合によっては医師などに繋げることも必要かもしれません。

一方で、従業員が、ハラスメントを受けたり、長時間労働の職場などでメンタルヘルス不調になったとき、業務に起因していると労災認定や損害賠償請求などで民事裁判になる可能性が生じます。

また、メンタルヘルス不調者が出ると、社内の士気も下がり、労働環境が悪化するだけではなく、ブラック企業との風評が立つ可能性もあります。その結果、採用にも悪影響を及ぼす可能性や、労働環境が悪いと社員の定着が難しくなるかもしれません。

このように、実はメンタルヘルス対策を行うことは、会社にとってもメリットのあることなのです。

メンタルヘルス対策は、1. 会社の損失を減らし、労働生産性低下の回避の観点、2. リスク管理の観点、3. コンプライアンスの観点から必要と考えられます。

すなわち、第一に、従業員がメンタルヘルス不調で会社を欠勤あるいは休職をすると、単に労働契約上の義務を果たしてもらえず、不就労になる反面、社会保険料などのコストだけを負担することになります。さらに代替要員を用意するとなった場合は、人件費相当額以上の損失が出ます。

また、断続的な欠勤の繰り返しや休職することで、同じ職場の同僚などに仕事の負担がかかることや、復職後も本人への対応に気を遣うこと、職場の雰囲気の悪化等、職場の生産性低下への影響があります。最近では、従業員の健康保持・増進の取組が、将来的に収益性等を高める投資であるとの考えから、健康管理を経営的視点から考え、戦略的に実践する「健康経営」の取組が進められています。この「健康経営」を考えるにあたって、さまざまな健康指標がありますが、その中に、プレゼンティズム（日々の生産性損失）というのがあります。これは、出勤しているのに心身の不調により十分なパフォーマンスが発揮できず、業務遂行能力や生産性が落ちてしまう状態のことをさします。このプレゼンティズムのコストの研究の蓄積も増えてきており、傷病別にみて、合計損失額が最も大きいのが精神疾患であるという結果があります。

第二に、前述したとおり、リスク管理の観点では、ハラスメントを受けたり、長時間労働の職場などでメンタルヘルス不調になった場合、業務に起因していると労災認定されるリスクや損害賠償請求などで民事裁判になるリスクが生じます。

第三に、コンプライアンスの観点からは、メンタルヘルス対策として50人以上の事業場ではストレスチェックを従業員に年1度行い、労働基準監督署に報告すること（労働安全衛生法66条の10）や同法18条で1か月に1度「衛生委員会」*を開催するよう義務づけています。また、法令遵守をせず、長時間労働等労働法規の各種違反があると、労働基準監督署の調査が入り、行政指導等を受けるリスクもあります。

＊衛生委員会とは、労働者の健康管理等について、労使が協力して効果的な対策を進めるために、事業場に設置する協議の場です。衛生委員会のメンバーは、総括安全衛生管理者、産業医、衛生管理者、衛生に関する経験を有する労働者で構成されます。常時50人以上の労働者を使用する事業場では、「衛生委員会」の設置が事業者の義務となっています。

このように様々なコストや最悪の場合は経営にも大きな影響を及ぼすことを考えると、うつ病などの精神疾患に従業員がかかる恐れのあるリスクをできるだけ少なくする、日々の予防（＝メンタルヘルス対策）が大切になるのです。

第2節　「うつ」について

ここで、「うつ」についての簡単な説明をします。労務相談を受けていると感じることですが、もう少し本人や会社側に基礎知識があれば、本人も会社も早く対処して、お互いに良い方向にすすめたように思うことがあります。たとえば、従業員が睡眠をあまり取れなくなって休みがちになり、それでも何とか本人は我慢して出勤します。会社には、「回復したので出勤します」と言うので、会社は、本人がそう言うのだから大丈夫なのだろうと思い、そのまま様子を見ながら出勤を認めてしまいます。そういった状態を継続していると、病状が悪化してしまうことがあるのです。中には、“精神科”に行くことを躊躇する従業員もいます。このような事態にならないように、私たちは、医師が持つ専門的な知識でなくて良いので、万が一、従業員や相談者がうつ症状になりかけた時にすぐに産業医や医師等に繋ぐなど、適切に対処することができる基礎知識を持つことが大切です。初動が良ければ双方で大事に至らずに済む可能性も高いからです。

1　「うつ」の基礎知識

社会一般的に「うつ」と言われているなかには、精神医学的にうつ病診断基準を満たさないものも多数存在しているようです。しかし、精神科医が一般的に広く用いているものにアメリカ精神医学会が発行する「精神疾患の診断・統計マニュアル」という診断基準を掲載している本があります。このような専門書を一般人の私たちでも入手することはでき、うつ病などの精神疾患の可能性があるのかどうか、目安として読むことは可能です。以下は、専門医が行う診断面接の例です。早めに気づくことができれば、医師に速やかにつなぐことができ、早期発見、早期治療で重篤な状態になるのを防ぐことができます。

①抑うつ気分

この２週間以上、毎日のようにほとんど一日中「憂うつ」や「沈んだ気持ち」

②興味と喜びの喪失

この２週間以上「ほとんどのことに興味がなくなっている」、「いつもなら楽しめることが楽しめない」

③食欲不振/過食

この２週間以上毎日のように「食欲が低下」または「食欲が増加」

④不眠/過眠

この２週間以上、毎晩のように睡眠に問題（ex）「寝つきが悪い」、「真夜中に目が覚める」、「朝早く目が覚める」、「寝すぎてしまう」

⑤精神運動焦燥または制止

この２週間以上、毎日のように「普段より話し方や動作が鈍くなる」、「イライラする」、「落ち着きがない」、「静かに座っていられない」

⑥疲労/減退

この２週間以上、毎日のように「疲れを感じる」または「気力がない」

⑦罪責感

この2週間以上、毎日のように「自分に価値がない」、「罪の意識を感じる」

⑧この２週間以上、毎日のように「思考力」、「集中力」、「決断力」が落ちる

⑨この２週間以上、「自分を傷つけたり、自殺を繰り返し考える」または「計画する」

①と②のどちらも「いいえ」であれば、うつ病の可能性は低く、①と②の最低どちらかが「はい」で、①〜⑨のうち５つ以上が「はい」の場合、うつの可能性が高まります。

また、身体面の変化は本人にしかわかりませんが、行動面の変化は会社の管理者でもわかります。下記は、兆候として一般的に指摘されている行動です。普段と様子が変化した場合は、面談などを行い、確認することが大切です。

◇出勤状態：遅刻、早退、欠勤の増加、無断欠勤（休みの連絡がない）

◇業務遂行能力：能率が悪くなる。集中力、思考力、判断力の低下、ミスの増加

◇日常生活：睡眠時間の乱れ（眠れない、寝つきが悪い等）、生活態度の乱れ（食生活、衣服の乱れ等）

◇対人関係：もめごとの増加、孤立、協調性の低下

2 「うつ」の経過

うつ病の治療の結果、症状が概ねなくなることを「寛解」といいます。この状態が一定期間続くと「回復」になります。ちなみに、「治癒」とは、治療を行わなくとも症状が出なくなり、問題がなくなったということで、「回復」と「治癒」は違います。

初めて「うつ」に罹患した場合、通常、「回復」するまでに、半年前後はかかる、と言われているようです。そして、病気の初期と回復期の時が、本人にとってはきつく感じ、自殺のリスクが上がると従来から考えられています。したがって、少し休めばよくなるはずだなどと「うつ」を安易に考えることは禁物です。

また、「回復」するまでには波があるので、調子が良い日でも抑えて過ごし、毎日の波を小さくして暮らすことが大切です。この「回復」に至ってからは、復職に向けて徐々にリハビリを開始します。たとえば、体力を回復するために、図書館等に通うなど、模擬的に仕事をしている状態を作り、復職までに少しずつ身体を慣らして、自分で調子を整えていく方法があります。その他、精神科医療機関にリワーク（復職）プログラムを提供しているところがありますので、利用する方法もあります。そして、復職後、会社の担当者、主治医等と話し合いながらリハビリ勤務を行っていきます。

本人の判断でよくなったので、薬を飲まないという人の話を聞くことがありますが、医師とよく相談してからにしないと、再発のリスクが高まる可能性があるようなので、注意が必要です。

そして、いつのタイミングで復職するのかは、会社の休職期間があるので、体調が十分な状態でなくても、本人は無理をして復職することも考えられます。しかし、無理をすると再燃や再発をしてしまうリスクがあります。

◇寛解…治療が継続しているものの、症状が概ねなくなったこと

◇再燃…治療によって症状が改善したものの、寛解する前か、寛解したが回復する前に再び悪化した場合

◇回復…寛解の状態が一定期間続いていること

◇再発…回復したものの、再び悪化した場合

第2節1、2の議論は天笠崇（精神科医）氏の著書「現代の労働とメンタルヘルス対策」を参考にしました。

第3節 従業員が利用できる法制度

1 労災保険制度について

●精神疾患の労災申請状況

以上のとおり、メンタルヘルス対策が必要な理由はさまざまありますが、もし、従業員が精神疾患にかかった場合に利用できる制度の1つとして、労災保険制度（以下、「労災」といいます）があります。

次の図表2は精神障害の労災申請状況についてのグラフです。請求件数、決定件数（処理した件数）、支給決定件数（業務上として認定）は増加傾向にあり、2005年と比較すると、3倍以上になっています。厚生労働省では、これまで1999年に定めた「心理的負荷による精神障害等に係る業務上外の判断指針」に基づいて労災認定を行っていましたが、より迅速な判断ができるように、また、基準もわかりやすいように、2011年12月に「心理的負荷による精神障害の認

定基準」を新たに定め、これに基づいて労災認定を行なっています。

図表 2　精神障害の労災補償状況

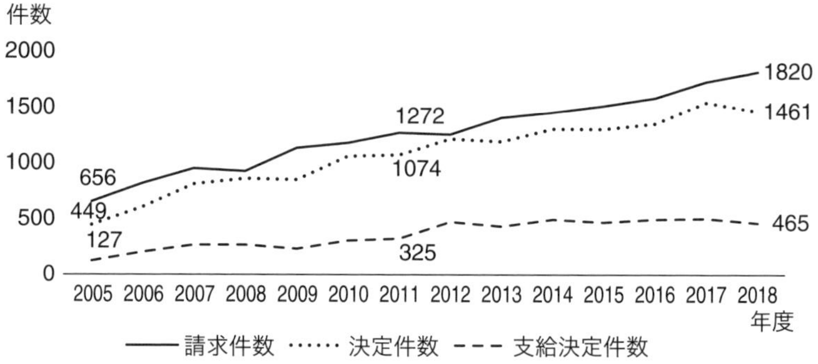

（出所：厚生労働省（2018））

また、図表 3 は申請や支給決定が多い上位の出来事をピックアップしたものです。仕事の量・質の大きな変化、長時間労働、そして対人関係の中では、上司とのトラブルが労災の支給決定の多い出来事の件数になっています。

図表 3　精神障害の出来事別決定及び支給決定件数一覧

出来事の類型	具体的な出来事（上位）	2016 年度		2017 年度		2018 年度	
		決定件数（処理した件数）	うち支給決定件数	決定件数（処理した件数）	うち支給決定件数	決定件数（処理した件数）	うち支給決定件数
事故や災害の体験	（重度の）病気やケガをした	88	42	86	26	86	36
	悲惨な事故や災害の体験、目撃をした	79	53	99	63	92	56
仕事の失敗、過重な責任の発生等	会社の経営に影響するなどの重大な仕事のミスをした	19	8	24	8	26	4
	達成困難なノルマが課された	14	3	13	1	14	4
	顧客や取引先からクレームを受けた	28	7	34	4	21	5

仕事の量・質	仕事内容・仕事量の（大きな）変化を生じさせる出来事があった	158	63	185	64	181	69
	1か月に80時間以上の時間外労働を行った	54	39	61	41	68	45
	2週間以上にわたって連続勤務を行った	63	47	71	48	43	25
役割・地位の変化等	退職を強要された	27	6	34	5	19	3
	配置転換があった	55	14	67	11	54	8
	転勤をした	10	3	11	3	21	7
対人関係	（ひどい）嫌がらせ、いじめ、又は暴行を受けた	173	74	186	88	178	69
	上司とのトラブルがあった	265	24	320	22	255	18
	同僚とのトラブルがあった	40	0	67	1	69	2
セクシュアルハラスメント	セクシュアルハラスメントを受けた	50	29	64	35	54	33

（出所：厚生労働省（2018））

＊2020年6月より、出来事の類型にパワーハラスメントが追加された。

そして、図表4は、労災の請求件数および、支給決定件数の年齢別構成比です。請求件数、支給決定件数ともに30歳代、40歳代が多いのが分かります。

図表4　年齢別構成比

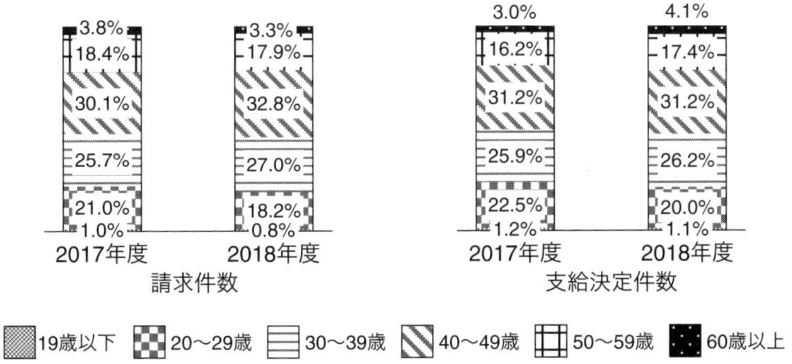

（出所：厚生労働省（2018））

●精神疾患を発症する原因と労災認定について

様々なストレス要因から疾病に至るまでの仮説モデルはいろいろとありますが、精神疾患は、外部からのストレス（職場のストレスと仕事以外のストレス）とストレスへの個人の対応力の強さとの関係で発病すると考えられています。一方、発病した精神疾患が労災認定されるのは、その発病が仕事による強いストレスによるものと判断できる場合に限ります。そして、労災認定の要件は、以下の通りです。

◇認定基準の対象となる精神障害を発病していること（認知症や頭部外傷などによる障害等は除かれています）
◇認定基準の対象となる精神障害の発病前おおむね６か月の間に業務による強い心理的負荷が認められること
◇業務以外の心理的負荷や個体側要因（精神障害の既往症やアルコール依存症等）により発病したとは認められないこと

「業務による強い心理的負荷が認められる」とは、業務による「具体的な出来事」があり、その「出来事」とその後の状況が労働者に強い心理的負荷を与えたことをいいます。

また、心理的負荷の強度は、精神疾患を発病した従業員がその「出来事」とその後の状況を主観的にどう受け止めたかではなく、同じ職種、職場で立場や職責、年齢、経験が類似する人が一般的にどう受け止めるのかという観点で評価します。

その「出来事」とは、発病前おおむね６か月の間に起きたものですが、まず、その「出来事」が「特別な出来事」であるかどうかを判断します。「特別な出来事」とは、①心理的な負荷が極度なもの（生死にかかわる、極度の苦痛を伴う又は永久労働不能となる後遺障害を残す業務上の病気やケガをした、業務に関連し、他人を死亡させる又は重大なケガを負わせる、強姦など意思を抑制したセクハラを受ける等）②極度の長時間労働（発病前の１か月におおむね160時間を超える又は１か月未満に同程度の時間外労働を行った）をさしますが、その場合には総合的に「強」と評価されます。労災は、その「出来事」が「強」と判断されなければ、認定されません。

「出来事」が「特別な出来事」ではない場合は、「出来事」を分類します。その基準が図表5、6に記述していますが、精神障害を発症した原因と認定される「出来事の類型」と「具体的な出来事」です。これは、厚生労働省の「業務による心理的負荷評価表」（厚生労働省「精神障害の労災認定」のパンフレットに記載）から抜粋したものですが、「出来事の類型」と「具体的な出来事」から発病前おおむね6か月の間に起きた「出来事」の心理的負荷（「弱」、「中」、「強」）を区分し、その他の評価の視点を考慮して総合的に評価します。もし、総合的に「強」と評価されれば、①業務以外の心理的負荷（仕事外の自分の出来事（離婚、妊娠、病気・けが等）、家族・親族の出来事、金銭関係、事件・事故・災害の体験、住環境の変化、仕事外の人間関係）や②個体側要因（精神障害の既往症やアルコール依存症等）により発病したかどうかを判断したうえで労災認定をします。

図表5　出来事の類型

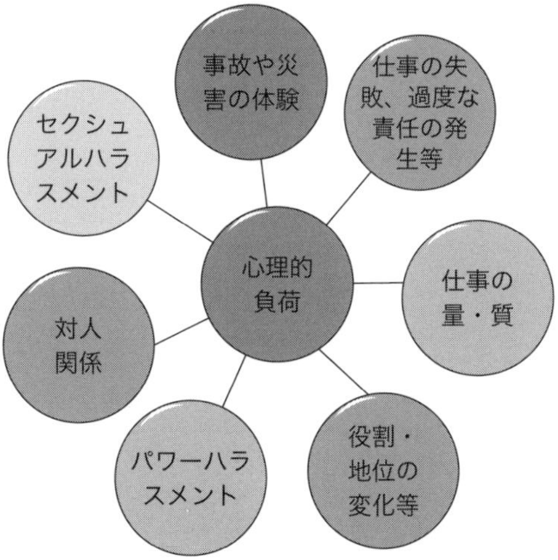

(出所：厚生労働省「精神障害の労災認定」より筆者作成）

図表6　具体的な出来事と強度

出来事の類型	具体的な出来事	強度
事故や災害の体験	（重度）の病気やケガをした	Ⅲ
	悲惨な事故や災害の体験、目撃をした	Ⅱ
仕事の失敗、過重な責任の発生等	業務に関連し、重大な人身事故、重大事故を起こした	Ⅲ
	会社の経営に影響するなどの重大な仕事上のミスをした	Ⅲ
	会社で起きた事故・事件について、責任を問われた	Ⅱ
	自分の関係する仕事で多額の損失等が生じた	Ⅱ
	業務に関連し、違法行為を強要された	Ⅱ
	達成困難なノルマが課された	Ⅱ
	ノルマが達成できなかった	Ⅱ
	新規事業の担当になった、会社の建て直しの担当になった	Ⅱ
	顧客や取引先から無理な注文を受けた	Ⅱ
	顧客や取引先からクレームを受けた	Ⅱ
	大きな説明会や公式の場での発表を強いられた	Ⅰ
	上司が不在になることにより、その代行を任された	Ⅰ
仕事の量・質の変化	仕事内容・仕事量の（大きな）変化を生じさせる出来事があった	Ⅱ
	1か月80時間以上の時間外労働を行った	Ⅱ
	2週間以上にわたって連続勤務を行った	Ⅱ
	勤務形態に変化があった	Ⅰ
	仕事のペース、活動の変化があった	Ⅰ
役割・地位の変化等	退職を強要された	Ⅲ
	配置転換があった	Ⅱ
	転勤をした	Ⅱ
	複数名で担当していた業務を1人で担当するようになった	Ⅱ
	非正規社員であることの理由等により、仕事上の差別、不利益取扱いを受けた	Ⅱ
	自分の昇格・昇進があった	Ⅰ
	部下が減った	Ⅰ
	早期退職制度の対象となった	Ⅰ
	非正規社員である自分の契約満了が迫った	Ⅰ
パワーハラスメント	上司等から、身体的攻撃、精神的攻撃等のパワーハラスメントを受けた	Ⅲ

対人関係	同僚等から、暴行又は（ひどい）いじめ・嫌がらせを受けた	Ⅲ
	上司とのトラブルがあった	Ⅱ
	同僚とのトラブルがあった	Ⅱ
	部下とのトラブルがあった	Ⅱ
	理解してくれていた人の異動があった	Ⅰ
	上司が替わった	Ⅰ
	同僚等の昇進・昇格があり、昇進で先を越された	Ⅰ
セクシュアルハラスメント	セクシュアルハラスメントを受けた	Ⅱ

＊強度は、Ⅰ→Ⅲ（弱→強）の順。

（出所：厚生労働省「精神障害の労災認定」より筆者作成）

また、長時間労働がある場合は、次の3通りの視点から評価します。数字が基準になりますので、評価が明確になりやすいと考えられます。

① 「特別な出来事」としての「極度の長時間労働」

前述しましたが、発病直前の極めて長い労働時間を評価します。この場合は、心理的負荷の評価を総合的に「強」と評価しますので、①業務以外の心理的負荷や②個体側の要因により発病したのかどうかを判断したうえで労災認定をします。

「極度の長時間労働」として評価される例

・発病直前の1か月前におおむね160時間以上の時間外労働を行った

・発病直前の3週間におおむね120時間以上の時間外労働を行った

② 「出来事」としての「長時間労働」

発病前の1か月から3か月間の長時間労働を1つの「出来事」として評価します。この場合は、まず、強度を区分したあとに、業務の困難性や長時間労働の継続期間を考慮し、総合的に「強」かどうかを評価します。「強」と評価されれば、①業務以外の心理的負荷や②個体側の要因（精神障害の既往症やアルコール依存症等）により発病したのかどうかを判断したうえで労災認定をします。

なお、長時間労働以外に特段の出来事がなければ、「1か月に80時間以上の時間外労働を行った」場合の強度はⅡ「中」と評価されます。これに、たとえば「上司とのトラブル」や「転勤」など、図表6で示す「出来事」が生じていた場合、総合評価として「強」と評価される可能性が高まるため、長時間労働はリスクの高い出来事になります。

「長時間労働」として「強」と評価される例

- 発病直前の2か月間連続して1か月当たりおおむね120時間以上の時間外労働を行った場合
- 発病直前の3か月間連続して1か月当たりおおむね100時間以上の時間外労働を行った場合

③　他の「出来事」と関連した長時間労働

「出来事」が発生した前や後に恒常的な長時間労働（月100時間程度の時間外労働）があった場合、心理的負荷の強度を修正する要素として長時間労働を評価します。

例えば、担当業務が配置転換等で大幅に変更になり、1か月100時間程度の時間外労働が生じた、などです。

＊ここでの「時間外労働」は、週40時間を超える労働時間をいいます。

認定基準では、発病前おおむね6か月の間に起こった出来事について評価します。しかし、いじめやセクシュアルハラスメントのように、出来事が繰り返されるものについては、発病の6か月前よりも前にそれが始まり、発病まで継続していたときは、それが始まった時点からの心理的負荷を評価します。

また、業務による心理的負荷によって、精神障害を発病した従業員が、自殺を図った場合は、精神障害によって、正常な認識や行為選択能力、自殺行為を思いとどまる精神的な抑制力が著しく阻害されている状態に陥ったもの（故意の欠如）と推定され、原則として労災認定されます。

●労災保険の請求について

ここまでは、労災保険の認定基準についておおまかに説明しました。では、実際の労災保険の請求ですが、労災指定病院に通院している場合、医療機関の窓口に請求書を提出すると、医療機関を経由して、会社の管轄の監督署に提出されます。しかし、精神疾患でかかる小さい医療機関は労災指定病院ではないことも多いと思いますが、その場合は、請求書を会社の管轄の労働基準監督署へ提出します。労災として認定されたときは、治療費を全額負担してもらえます。

その他、労災保険には、病気やケガなどで就労できず、会社を休んだ場合に支給される所得補償があります。具体的には、労働災害による病気などで就労することができず、会社を3日休んだ場合（断続可）、4日目から休業補償給付が支給されます。この休んだ3日間は会社が所得補償するように法律で定められています。休業補償給付を請求する場合は、請求書を労働基準監督署に提出します。支給される金額は、給付基礎日額（1日あたりの平均賃金額のことで、原因となった事故直前の3か月分の賃金を歴日数で割った額）の8割に休業した日数を掛けた金額です。

その他、次の保険給付があります。

①　傷病補償年金

療養開始後1年6か月を経過しても治癒（症状固定）しておらず、障害の程度が重い場合（1〜3級）に支給される年金です。

②　障害補償給付

治癒（症状が固定して、これ以上治療しても改善しない状態）したが、身体に一定の障害が残った場合に支給される給付で、障害の程度に応じて、年金（1級〜7級）あるいは一時金（8級〜14級）があります。

③　介護補償給付

介護に要した費用を一定の範囲で支給します。

＜支給要件＞

- 障害補償年金または傷病補償年金の1、2級に該当し、一定の障害を残し、常時あるいは随時介護を必要とする状態にあること。

・民間の有料介護サービスなどや親族、友人等から、現に介護を受けていること
・病院または診療所に入院していないこと
・介護老人保健施設などに入所していないこと

④　遺族補償給付

被災労働者が亡くなった場合に年金または一時金で支給されます。年金は亡くなった当時、その収入によって生計を維持されていた遺族の最先順位者に対して支給され、年金額は、受給資格者の人数に応じて決まります。一時金は、年金を受け取る要件に該当する遺族がいない場合等に、受給資格者の最先順位者に支給されます。一時金の金額は、給付基礎日額の1000日分と300万円です。

⑤　葬祭料

被災労働者の葬儀料で、葬儀を行うのにふさわしい遺族か、もし遺族がいなければ、葬儀を行った人に支給されます。支給金額は、31.5万円と給付基礎日額の30日分で、この金額が給付基礎日額の60日分の金額に満たない場合は、その60日分が支給されます。

これらの保険給付を請求する場合は、労働基準監督署長に請求書、その他添付資料を提出します。また、傷病補償給付、障害補償給付、遺族補償給付は時効が5年になりますが、それ以外の給付の時効は2年になりますのでその点も留意してください。

そして、もし、労災に関する請求書に対し、会社が証明してくれない場合でも、会社の証明無しで申請することができます。

以上が労災に関する説明になりますが、ここでもう1つ理解して欲しいことは、以上の労災の認定基準は、ある意味、従業員が負荷に耐えられる限度を示していると言えるのではないでしょうか。どうしても繁忙期や取引先との関係で急な業務が生じたり、長時間労働になってしまうことがあると思います。この基準を念頭に置いて、会社は労務管理をし、従業員自身も留意し、働くことが大切です。

図表7

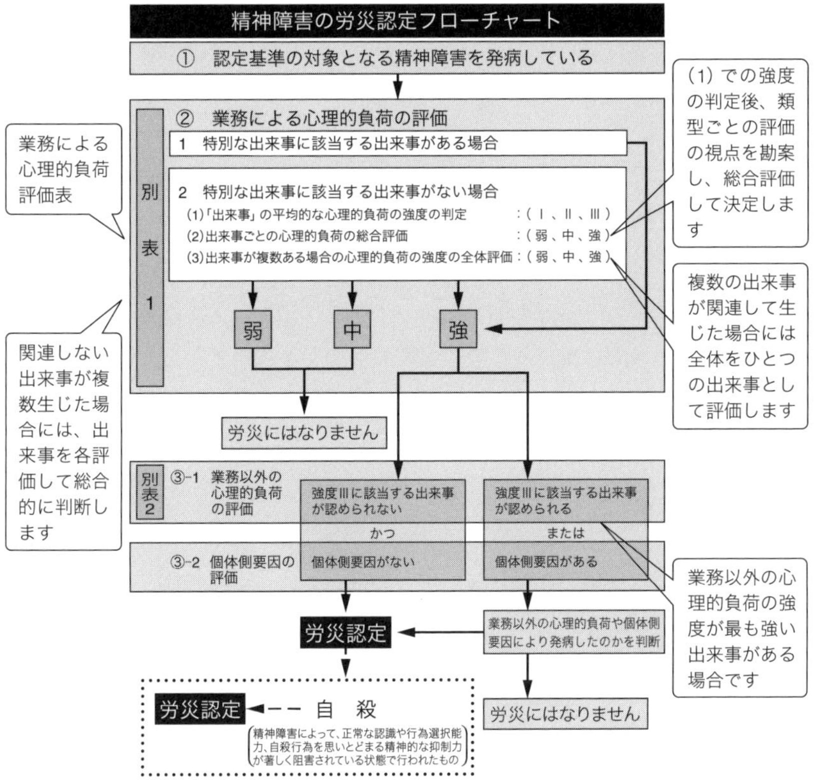

（出所：厚生労働省「精神障害の労災認定」）

2　労災と休職・退職との問題

うつ病などの精神疾患で就業できない場合に、退職することを猶予するための休職制度があります。これは、会社が任意に規定している制度のため、会社の規模や業種によって、そもそも規定がない、あるいは、休職期間の違い等があります。休職期間満了までに復職できない場合は、期間満了と同時に雇用期間が終了します。

そして、もし、精神疾患による労災申請をしていて、それが認められた場合、つまり、業務に起因する疾患等により復職できなかった場合には、解雇制限がかかります。なぜならば、労働基準法19条1項には以下の通り規定しているからです。

【労働基準法19条】
　使用者は、労働者が業務上負傷し、又は疾病にかかり療養のために休業する期間及びその後30日間並びに産前産後の女性が法第65条の規定によって休業する期間及びその後30日間は、解雇してはならない。ただし、使用者が、法第81条の規定によって打切補償を支払う場合又は天災事変その他やむを得ない事由のために事業の継続が不可能となった場合においては、この限りでない。

【労働基準法81条】
　法第75条の規定によって補償を受ける労働者が、療養開始後3年を経過しても負傷又は疾病がなおらない場合においては、使用者は、平均賃金の1200日分の打切補償を行い、その後はこの法律の規定による補償を行わなくてもよい。

　したがって、労災認定されて「業務上」の疾患であると認定されれば、解雇制限されます。そして、認定されたのが休職中であれば、会社は、被災労働者が治癒するまで、退職させることができません。

　また、退職あるいは解雇後に労災認定がされれば、当該退職あるいは解雇は無効となり、訴訟に発展する、もしくは、退職時や解雇時にさかのぼって退職ないし、解雇は無効になるため、退職ないし、解雇した日からの給与の未払問題が発生します。

　その他、雇用終了について、会社によって、“休職期間満了による退職”と“休職期間満了をもって解雇とする”のどちらかで規定していますが、有効か無効か争いになった場合にはどちらでも結果としてあまり変わりはありません。つまり、「解雇」と規定していても、業務上の疾病の療養のため休職中の解雇は労働基準法19条1項に反し無効であるとされます。一方、「退職」と規定していれば、労働基準法19条1項の類推適用により退職は無効とされますので、どちらで規定していても結果は変わりません。

したがって、業務上の疾病であれば、休職期間満了までに復職できなかった場合、解雇ができませんので、治癒するまで、休職期間を延長することになります。しかし、労働基準法81条により、療養開始後3年を経過しても負傷又は疾病が治癒しない場合には、平均賃金の1200日分を支払うと解雇制限が解除されます。

一方、休職期間の延長をした結果、疾病が治癒した場合には、復職できますし、治癒後30日経過していれば解雇は可能になります。

第4節 会社が行うべき対策

以下は、会社が最低限行わなければならないとされているメンタルヘルス対策について具体的にみておきたいと思います。

1 労働安全衛生法上の労働時間に関する事業者の責務

2019年4月に、長時間労働やメンタルヘルス不調などにより、健康リスクが高い状況にある従業員を見逃さないために、「産業医」による面談指導や健康管理を強化するための労働安全衛生法の改正が行われました。主な改正内容は以下のとおりです。

ここで、「産業医」とは、労働者の健康管理等について、専門的な立場から指導や助言を行う医師のことです。労働安全衛生法では、労働者数50人以上の事業場においては、産業医の選任が事業者の義務となっています。また、原則として、産業医は少なくとも月1回は事業場内を巡視するように定められています。

●面接指導のための「労働時間の状況」の把握（労働安全衛生法66条の8の3）

医師による面接指導を実施するために、原則として、タイムカードによる記録、パソコン等の使用時間（ログインからログアウトまでの時間）の記録、事業者の現認等の客観的な記録により、労働者の労働日ごとの出退勤時刻や入退室時刻の記録等を把握しなければなりません（記録の3年保存義務あり）。

そして、労働時間の状況を把握しなければならない対象者とは、高度プロフェッショナル制度対象労働者を除いた、管理監督者、裁量労働制の適用者を含めたすべての従業員です。ここでは「管理監督者」も含まれている点が重要です。

●労働時間の通知（労働安全衛生規則52条の2第3項）

事業者は、時間外労働・休日労働時間が1月80時間を超えた場合に、速やかに従業員に対し、その情報を通知（メールや書面等）しなければなりません。

●面接指導（労働安全衛生法66条の8）

すべての事業者について、1週40時間を超えた時間が、1か月あたり80時間を超え、かつ疲労の蓄積が認められる従業員が、自ら申出た場合には、事業主はその従業員に対して医師による心身の状況（勤務状況・疲労の蓄積状況・心身の状況など）を把握および必要な指導を実施する義務があります。

- ・事業主は、面接指導の結果に基づき、健康を保持するために必要な措置について医師の意見を聞かなければなりません。
- ・必要があれば就業場所の変更、作業の転換、労働時間の短縮、深夜業の回数の減少等や衛生委員会等への報告等を行わなければなりません。

●産業医に対する情報提供（労働安全衛生法13条4項）

産業医を選任している事業者は、従業員の健康管理を適切に行うため、産業医に対して、以下の情報を提供しなければなりません。

① 健康診断、長時間労働者に対する面接指導、ストレスチェックに基づく面接指導実施後に講じた措置

② 時間外・休日労働時間が1月当たり80時間を超えた従業員の氏名、超過時間数

③ 従業員の業務に関する情報であり、産業医が従業員の健康管理等を適切に行うために必要と認められるもの

●産業医の勧告を衛生委員会に報告する義務（労働安全衛生法13条6項）

事業主は、産業医の勧告を受けたときは、勧告の内容、勧告を踏まえて講じた措置の内容を衛生委員会等に報告しなければなりません。

●産業医の業務に関する事項の周知（労働安全衛生法101条2項、3項等）

産業医を選任した事業主は、以下を周知しなければなりません。

① 産業医の業務の具体的な内容

② 産業医に対する健康相談の申出の方法

③ 産業医による従業員の心身の状態に関する情報の取扱いの方法

＊なお、「周知」とは、以下の方法を言います。

・常時各作業場の見やすい場所に掲示し、備え付けること
・書面を従業員に交付すること
・磁気ディスク等（イントラネットを含む）に記録し、かつ、各事業場に従業員が当該記録の内容を常時確認できる機器を設置すること

2 4つのメンタルヘルスケア

仕事による強いストレスが原因で精神疾患を発病し、労災認定される従業員が増加傾向にあり、従業員のメンタルヘルス不調を未然に防止することがますます重要な課題になっています。そこで、2015年12月より、労働者数50人以

上の事業場において労働安全衛生法に基づく「ストレスチェック制度」が始まりました。これにより、年に1度、常時雇用する従業員（期間の定めのない労働契約（契約期間が1年以上ある、あるいは見込まれる、期間の定めのある従業員を含む）で、週所定労働時間の4分の3以上の従業員）のストレスチェックの実施が義務づけられました（労働安全衛生規則52条の9)。ストレスの原因となる要因は、仕事、職業生活、家庭、地域等に存在しているので、まずは、従業員自身が、ストレスに気づき、これに対処することの必要性を認識することが重要です。しかし、職場に存在するストレス要因は、従業員自身の力だけでは取り除くことができないものもあるので、従業員の心の健康づくりを推進していくためには、事業者によるメンタルヘルスケアを推進していくことが重要とされています。

メンタルヘルスケア対策は、取組の段階ごとに、3つの予防に分けられます。

◇「一次予防」

従業員自身のストレスへの気付きと対処の支援や職場環境の改善を通じて、メンタルヘルス不調となることを未然に防止します。

◇「二次予防」

メンタルヘルス不調を早期に発見し、適切な対応を行います。

◇「三次予防」

メンタルヘルス不調となった従業員の職場復帰を支援します。

そして、これらの予防の取組について、研修や情報提供を適宜行い、図表9の「4つのメンタルヘルスケア」が継続的かつ計画的に行われることが重要だとされています（「労働者の心の健康の保持増進のための指針」を参照)。そのメンタルヘルス対策の仕組みを表にしたのが図表8です。

ここで、「4つのメンタルヘルスケア」とは、「セルフケア」、「ラインによるケア」、「事業場内産業保健スタッフ等によるケア」及び「事業場外資源によるケア」をさします。

以下、「4つのメンタルヘルスケア」について、順次説明をしていきます。

まず、「セルフケア」とは、文字通り、従業員自身がストレスに気づき、これ

図表8　メンタルヘルス対策

	一次予防	二次予防	三次予防
セルフケア	発症予防	重症化予防	再発予防
ラインケア	メンタルヘルス不調の未然防止	メンタルヘルス不調の早期発見と適切な対応	職場復帰支援 両立支援
事業場内産業保健スタッフ等によるケア	教育研修 情報提供	医師の面接指導 (高ストレス者) (長時間労働)	主治医との連携
事業場外資源によるケア	ストレスチェック (気づきとセルフケアを促す) 情報提供		

図表9　4つのメンタルヘルスケア

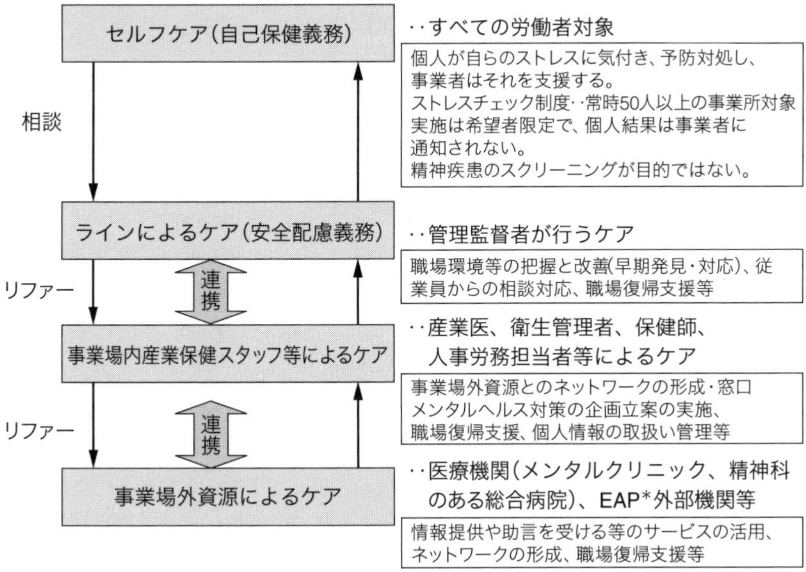

(出所：厚生労働省のガイドラインを参考に筆者作成)

＊EAPとはEmployee Assistance Programの略で、従業員「支援」プログラムと呼ばれる、企業で働く従業員向けのメンタルヘルスケアサービスのこと。

に対処するための知識、方法を身につけ、それを実施することです。しかし、実際には、自分のストレスに気づいて、上手く軽減することができる人だけではありません。また、自分の好きなことだけをやっているから、ストレスが軽減できるわけではありません。

まず、自分のストレスに気づくためには、ストレス要因に対するストレス反応や心の健康について理解し、自らのストレスや心の健康状態について正しく認識できるようにする必要があります。このため、事業者は、従業員に対して、ストレス及びメンタルヘルスケアに関する基礎知識やストレスへの気づき方、ストレスの予防、軽減及びストレスへの対処方法などの「セルフケア」に関する教育研修、情報提供を行い、心の健康に関する理解の普及を行うと良いでしょう。また、ストレスへの気付きを促すためには、「ストレスチェック制度」によるストレスチェックの実施があります。

この「ストレスチェック制度」は、メンタルヘルス不調の未然防止の段階であるメンタルヘルスケアの一次予防を強化するため、定期的に従業員のストレスの状況について検査を行い、本人にその結果を通知して自らのストレスの状況について気付きを促すものです。そして、個々の従業員のストレスを低減させて、検査結果を集団ごとに集計・分析し、職場におけるストレス要因を評価し、職場環境の改善につなげて、ストレスの要因そのものを低減するよう努めることを事業者に求めます。また、その中で、ストレスの高い者を早期に発見し、医師による面接指導につなげて、従業員のメンタルヘルス不調を未然に防止することを目的としています。なお、ストレスチェックは、従業員が常時50人以上の事業者に課せられた義務ですが、従業員の受検は強制ではないこと、ただし、なるべく全ての従業員に受けてもらうことが望ましいことを周知することが重要です。

次に、「ラインによるケア」とは、管理監督者が行うケアです。管理監督者は、日常的に部下の状況や職場の具体的なストレス要因を把握して、その改善を図ることができる立場なので、職場環境等の把握と改善、従業員からの相談に対応します。

そして、個々の従業員に過度な長時間労働、疲労、ストレス、責任等が生じないようにする等、従業員の能力、適性及び職務内容に合わせた配慮を行うことが重要です。

このため、事業者は、管理監督者に対して、これらに対応するための以下の教育研修、情報提供を行いましょう。

・職場でメンタルヘルスケアを行う意義
・ストレス及びメンタルヘルスケアに関する基礎知識
・管理監督者の役割
・職場環境等の評価及び改善の方法
・セルフケアの方法
・休職者の職場復帰支援の方法
・労働者からの相談対応方法
・事業場内の相談先及び事業場外資源に関する情報
・従業員の個人情報保護　等

図表10は、厚生労働省から示されている職業ストレス簡易調査票（57項目）（ストレスチェック）の元になった考え方を示している、米国立労働安全衛生研究所の職業性ストレスモデルです。このモデルは、職業性ストレスがどのように疾病になっていくかを示したものです。この流れでは、職場のストレス要因に対して、「個人的要因」がある程度影響を与え、上司や同僚、家族からの支援など社会的サポートの有無あるいは、家族と職場のバランスも影響を及ぼします。管理職は、部下が急性のストレス反応の方向に流れないように、職場のストレス要因を軽減して、緩衝要因である部下への支援を行い、そして、本人がストレスを軽減するようにセルフケアを促すことが大切です。

3つ目の「事業場内産業保健スタッフ等によるケア」では、事業場内産業保健スタッフ等（産業医、衛生管理者、保健師、人事労務管理スタッフ等）が、「セルフケア」及び「ラインによるケア」が効果的に実施されるよう、従業員及び管理監督者に対する支援を行います。そして、具体的なメンタルヘルスケア

図表 10　職業性ストレスモデル

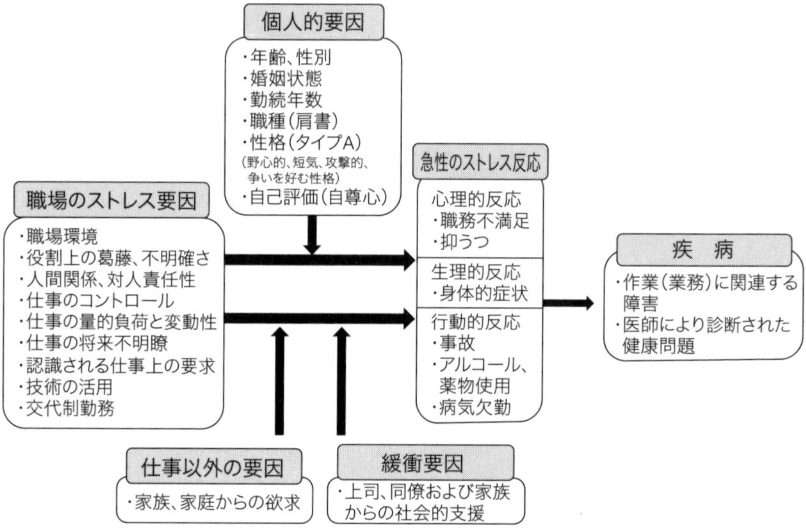

（出所：米国立労働安全衛生研究所）

の実施に関する企画立案、事業場外資源とのネットワークの形成やその窓口となること等、メンタルヘルスケアの取組の実施にあたり中心的な役割を果たします。

4 つ目の「事業場外資源によるケア」とは、メンタルヘルスケアを行う上で、会社が抱える問題や求めるサービスに応じて、専門的な知識を持つ事業場外資源の支援を活用することです。また、従業員が社内での相談等を望まないような場合にも、事業場外資源を活用することが効果的です。しかし、この事業場外資源の活用に依存しすぎて会社がメンタルヘルスケアの推進について、主体性を失わないよう留意する必要があります。なお、産業医がいない小規模の会社においては地域産業保健センター等の事業場外資源を活用すると良いでしょう。

3 「ストレスチェック制度」について

ここで、「ストレスチェック制度」について、簡単な実施の流れと、実施する上での留意点について述べます。ストレスチェックは、前述の通り、「セルフケア」の1つとして従業員にストレスの気付きを促すためのもので、うつ病などのスクリーニングに利用するものではありません。また、事業者は、その情報を本人の同意を得て取得したとしても、従業員に対する健康確保上の配慮を行う以外の目的で使用できません。

なお、ストレスチェックの結果、高ストレス者として選定されて、面接指導を受ける必要があると実施者が認めた従業員から申出があった場合、医師による面接指導を実施しなければいけません（労働安全衛生規則52条の15）。

【ストレスチェック制度の手順】（ストレスチェック指針参照）

ストレスチェック制度に基づく取組は、次に掲げる手順で実施します。

1. 基本方針の表明

事業者は、法、規則及び本指針に基づき、ストレスチェック制度に関する基本方針を表明します。

2. ストレスチェック及び面接指導

① 衛生委員会等において、ストレスチェック制度の実施方法等について調査審議を行い、その結果を踏まえ、事業者がその事業場におけるストレスチェック制度の実施方法等を規程として定めます。

② 事業者は、従業員に対して、医師、保健師又は厚生労働大臣が定める研修を修了した歯科医師、看護師、精神保健福祉士若しくは公認心理師（以下「医師等」という。）によるストレスチェックを行います。

③ 事業者は、ストレスチェックを受けた従業員に対して、当該ストレスチェックを実施した医師等（以下「実施者」という。）から、その結果を直接本人に通知してもらいます。

④ ストレスチェック結果の通知を受けた従業員のうち、高ストレス者として選定され、面接指導を受ける必要があると実施者が認めた従業

員から申出があった場合は、事業者は、当該従業員に対して、医師による面接指導を実施します。

⑤　事業者は、面接指導を実施した医師から、就業上の措置に関する意見を聴取します。

⑥　事業者は、医師の意見を勘案し、必要に応じて、適切な措置を講じます。

3．集団ごとの集計・分析（希望する場合）

①　事業者は、実施者に、ストレスチェック結果を一定数（10人以上）の部課単位ごとに集計・分析します。

②　事業者は、集団ごとの集計・分析の結果を勘案し、必要に応じて、適切な措置を講じます。

●ストレスチェック制度の実施体制

事業場又は委託先の外部機関の医師、保健師、一定の研修を受けた歯科医師、看護師、精神保健福祉士又は公認心理師の中からストレスチェックの実施者を選定します。

ストレスチェックの実施を外部機関に業務委託する場合にも、産業医等の事業場の産業保健スタッフが共同実施者として関与し、個人のストレスチェックの結果を把握するなど、外部機関と事業場内産業保健スタッフが密接に連携することが望まれます。

※　産業医が共同実施者でない場合には、個人のストレスチェックの結果は従業員の個別の同意がなければ産業医が把握することができず、十分な対応を行うことが難しくなる可能性があります。

ストレスチェックの結果が従業員の意に反して、人事上の不利益な取扱いに利用されることが無いように、その従業員について解雇、昇進又は異動に関して直接の権限を持つ監督的地位にある人は、ストレスチェックの実施の事務に従事できません。従事できる事務と出来ない事務を整理すると以下のとおりです。

【人事に関して直接の権限を持つ監督的地位にある者が従事できない事務】

⇒ストレスチェックの「実施の事務」

従業員の健康情報を取扱う事務をいい、例えば、以下の事務が含まれます。

・ストレスチェック結果を出力するまでの従業員の健康情報を取扱う事務。(従業員が記入した調査票の回収*、内容の確認、データ入力、評価点数の算出等)

・ストレスチェック結果の封入等のストレスチェック結果を出力してから従業員に結果を通知するまでの従業員の健康情報を取扱う事務。

・ストレスチェック結果の従業員への通知*の事務。

・実施者が面接指導を受ける必要があるとした対象者への面接指導の勧奨。

・ストレスチェック結果の集団ごとの集計に係る従業員の健康情報を取扱う事務。

*封筒に封入されている等、内容を把握できない状態になっているものを回収又は通知する事務を除く。

【人事に関して直接の権限を持つ監督的地位にある者が従事できる事務】

⇒その他の事務

従業員の健康情報を取扱わない事務をいい、例えば、以下の事務が含まれます。

・事業場におけるストレスチェックの実施計画の策定。

・ストレスチェックの実施日時や場所等に関する実施者との連絡調整。

・ストレスチェックの実施を外部機関に委託する場合の外部機関との契約等に関する連絡調整。

・ストレスチェックの実施計画や日時等に関する従業員への通知。

・調査票の配布。

・ストレスチェックを受けていない従業員に対する受検の勧奨。

図表11　ストレスチェック制度の実施体制

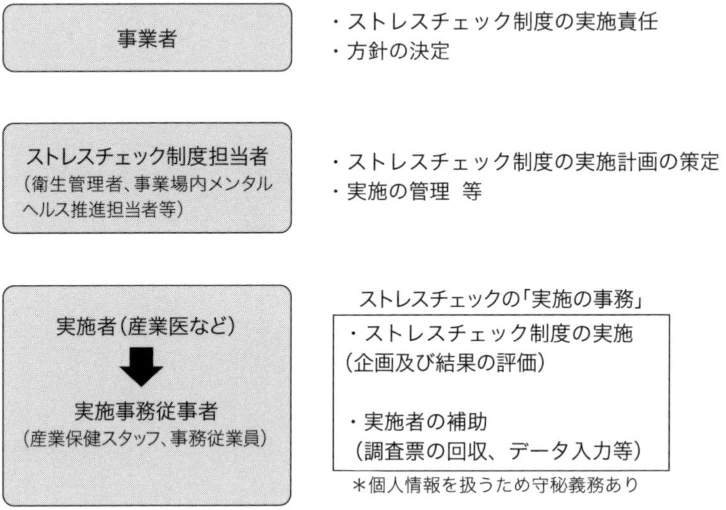

（出所：ストレスチェックに関する指針より作成）

●ストレスチェックの実施方法

ストレスチェックは、調査票に従業員自ら記入又は入力してもらう方法で行うことを基本とします。そして、ストレスチェックの項目（調査票）は、事業者の判断により選択することができますが、次の①～③の3領域を含むことが必要です。また、ストレスチェックの目的はうつ病等の精神疾患のスクリーニングではないことに留意して項目を選定する必要があります。それゆえ、事業者独自の項目を設定する場合、ストレスチェックとして行う調査票に、「性格検査」「希死念慮」「うつ病検査」等を含めることは不適当です。

①　仕事のストレス要因

職場における当該従業員の心理的な負担の原因に関する項目をいいます。

②　心身のストレス反応

心理的な負担による心身の自覚症状に関する項目をいいます。

③　周囲のサポート

職場における他の従業員による当該従業員への支援に関する項目をいいます。

なお、「職業性ストレス簡易調査票」の標準版（57項目）を厚生労働省ホームページで提供しており、それを利用することが推奨されています。

https://stresscheck.mhlw.go.jp/

●ストレスチェックの受検の勧奨

自らのストレスの状況について気付きを促し、従業員がメンタルヘルス不調となることを未然に防止するためには、全ての従業員がストレスチェックを受けることが望ましいでしょう。それゆえ、事業者による個々の従業員の受検の有無の把握と受検勧奨について、実施することは可能です。ただし、受検しない従業員に対する不利益取扱いが行われないことを確保した上で、行う必要があります。また、実施者又はその他の実施事務従事者が自ら受検の勧奨をすることも可能です。

●ストレスチェック結果の通知と通知後の対応

ストレスチェックの結果は、実施者から遅滞なく従業員に直接通知されるようにしなければなりません。その場合、実施者から従業員に対し、以下の事項を必ず通知する必要があります。

・個人のストレスプロフィール（個人ごとのストレスの特徴や傾向を数値、図表等で示したもの。次の3つの項目ごとの点数を含むことが必要）
　①　職場における当該従業員の心理的な負担の原因に関する項目
　②　当該従業員の心理的な負担による心身の自覚症状に関する項目
　③　職場における他の従業員による当該従業員への支援に関する項目
・ストレスの程度（高ストレスに該当するかどうかを示した評価結果）
・面接指導の対象者か否かの判定結果

結果が出たら、以下についても説明するとよいでしょう。

図表 12　ストレスチェックと面接指導の実施の流れ

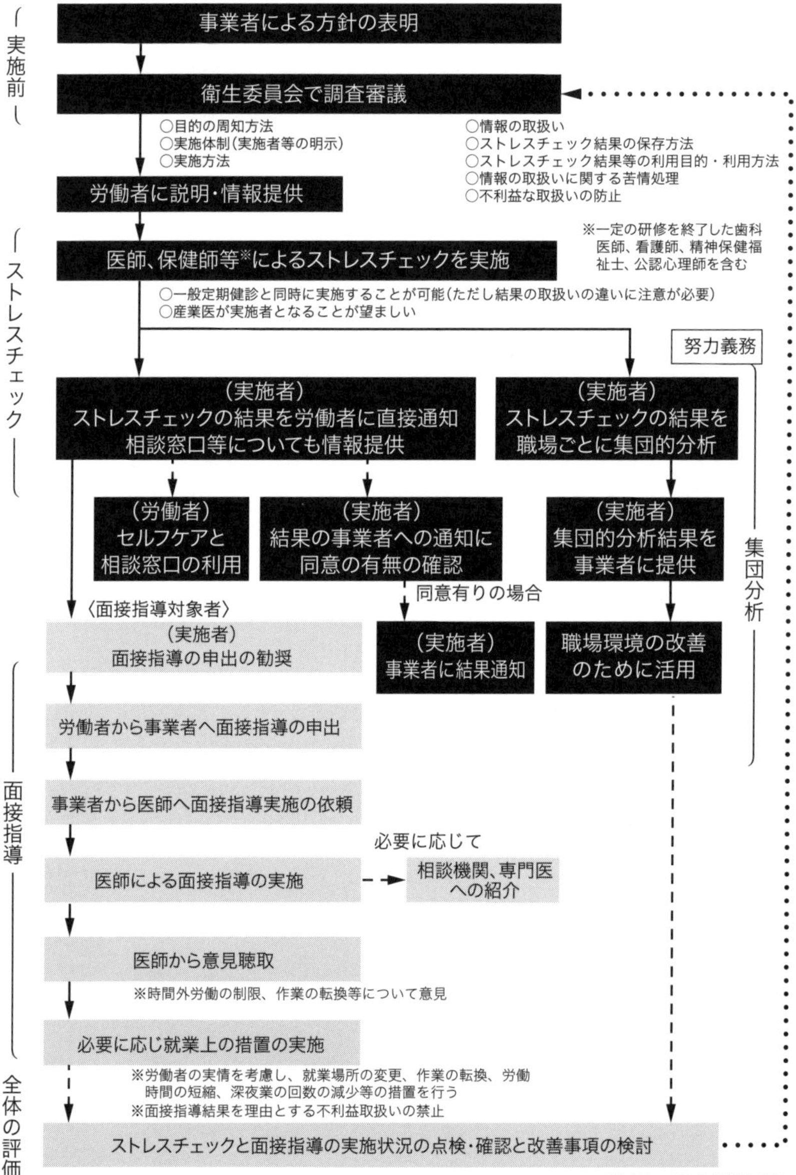

（出所：厚生労働省）

・ストレスチェックの目的や結果の見方。対象者には面接指導を受ける意義などについて。
・検査結果は概ね検査前の1か月間の状況を示したものであり、本人の自覚に基づく評価であること。ストレス反応自体は多かれ少なかれすべての従業員が示すものであり、高ストレスであること自体が必ずしも心身の健康障害を意味しているわけではないこと。
・面接指導を申し出た場合には、ストレスチェック結果を事業者に提供することに同意したものとみなされること。
・面接指導の結果、必要がある場合は就業上の措置（時間外労働の制限、配置転換など）につながる可能性があること。
・面接指導を申し出たことに対して不利益な取扱いをすることは法律上禁止されていること。

4　職場復帰支援のステップ

ここまでは、会社のメンタルヘルス対策として、4つのケアがそれぞれの段階で連携し、協力し1つのシステムとして組織的に、継続的に3つの予防に取り組むことの必要性について述べてきました。

そして、従業員自身のストレスへの気付きを促し、メンタルヘルス不調となることを未然に防止する「一次予防」として、ストレスチェックについて、また、前節では、メンタルヘルス不調を早期に発見し、適切な対応を行うための「二次予防」として、うつの基礎知識や医師の面談指導にも触れました。そこで、ここでは、メンタルヘルス対策の「三次予防」にあたる、メンタルヘルス不調となった労働者の職場復帰支援について考えてみたいと思います。

ここでは、休職から職場復帰に向けての対応は、上司（管理監督者）、人事労務スタッフ、産業医等の事業場内産業保健スタッフ等、主治医、家族等と緊密に連携しあって慎重に進めることが重要です。

図表13は復職までの流れを示したもので、第4章で記載したがん患者の職場復帰支援のフロー図を再掲しています。したがって、おおまかな支援の流れは

変わりません。第４章では、利用できる両立支援制度や法制度を中心に説明していますが、ここでは、より支援の各ステップについて、もう少し細かく記述しています。また、疾病の違いのため、がん患者とは配慮や対応が違うところがありますので、その点を第４章と比較して参考にしてください。なお、事業場の規模によって産業医がいないなど、会社の環境に違いがありますが、まずは、会社に合わせた対策を作るための大枠を把握してください。

図表 13　職場復帰支援の流れ

休職開始と休職中のケア

・本人への両立支援制度等および休職時の留意事項の説明
・休職関係書類の準備（診断書・休職届の提出、傷病手当金申請準備等）
・休職中の定期的な連絡

↓

主治医による職場復帰の可否の判断

・主治医からの診断書兼意見書の提出
・産業医による精査

↓

職場復帰可否及び職場復帰支援プランの作成

・休職者からの現況と配慮事項の提出
・復職後の就労条件、労務管理の検討
・就労条件の休職者への確認

↓

最終的な会社の職場復帰の決定

↓

職場復帰後のフォローアップ

・定期的な面談と記録
（治療状況の確認、勤務状況と業務遂行能力の評価）
・復職支援プランの随時の見直し
・職場への配慮（管理監督者（上司）、同僚等）

（出所：筆者作成）

●休職開始と休職中のケアについて

従業員が休職する時には、管理監督者（上司）に休職願と主治医による診断書を提出しますが、休職前に決めておく事務的なことや休職中の過ごし方については、第5章で述べましたのでここでは割愛します。また、復帰後の両立支援制度がなければ、たとえば、試し出勤制度や短時間勤務制度等の新たな制度を創設するかどうか検討し、必要に応じて、就業規則を整備しておきます。

試し出勤としては、つぎの3つが考えられます。

・復職前に通常の勤務時間と同様な時間帯に、短時間または通常の勤務時間で、デイケア等で模擬的な軽作業やグループミーティング等（リワークプログラム*）を行ったり、図書館などで時間を過ごす。

・復職前に従業員の自宅から職場の近くまで通常の出勤経路で移動を行い、そのまま帰宅するか、または職場付近で一定時間を過ごした後に帰宅する。

・復職前に職場復帰の判断等を目的として、本来の職場などに試験的に一定期間継続して出勤する。

＊メンタルヘルス不調の休職者に対して、リハビリテーションを行い、復職を支援しようという取組。独立行政法人高齢・障害・求職者雇用支援機構により設置されている地域障害者職業センター、病院等で行っている。

試し出勤をすることで、職場復帰の試みを開始することができ、早期の復帰に結びつけることが期待できるとされています。また、精神疾患はどの程度回復しているのか他の病気と違って、検査の数値や画像で明確にわかるものではないので、復職時は慎重に進めていく必要があります。したがって、試し出勤をすることで、回復度合いも確認できたり、長期休業している従業員にとっては、就業に関する不安が緩和され、実際の職場状況を確認しながら復帰の準備を行うことができます。

ただし、本来の職場などに試験的に一定期間継続して出勤する場合は、通勤手当の支給をどうするのか、賃金の支払いはどうするのかといった労務管理上の位置づけ等について、あらかじめ労使間で一定のルールを定めておく必要があります。また、作業について使用者が指示を与えたり、作業内容が業務（職務）に当たる場合などには、労働基準法等が適用される場合があることや賃金等について合理的な処遇を行うべきことに留意する必要があります。そして、産業医や主治医に必要性を確認し、試し出勤を行うことが本人の治療を進めるうえで、支障とならないとの判断を受けることも必要です。

●主治医による職場復帰の可否の判断

休業中の従業員から会社に対し、職場復帰の意思が伝えられると、会社は従業員から診断書を提出してもらいますが、主治医による職場復帰が可能という判断が書かれた診断書であることを確認してください。そして、その中に就業上の配慮に関する主治医の具体的な意見を記入してもらいます。できれば、第4章に記載した診断書兼意見書のような、会社で知りたい情報（時短勤務や配置転換の必要性、時間外労働、今後の見通し等）が確認できる様式を用意し、記入してもらうことをおすすめします。また、その際に、主治医には、できるだけ正確に判断してもらえるように、会社から予定している業務内容や職場で必要とされる業務遂行能力に関する情報を伝えたうえで、意見をもらうと良いでしょう。なぜならば、職場の状況は本人からの情報のみであり、そのうえ、主治医による診断は、日常生活における病状の回復程度を基準に職場復帰の可能性を判断していることがあります。しかも、本人や家族の希望が含まれている場合もあるので、必ずしも職場で求められる業務遂行能力まで回復している判断とは限らないからです。ちなみに、主治医の診断としては、休職前の8割ぐらいのパフォーマンスで復職とする意見が多いようです。

したがって、会社が産業医と契約していれば、主治医の判断と職場で必要とされる業務遂行能力の内容等について、産業医が精査した上で採るべき対応を判断する方法もあります。この産業医の精査にあたっては、職場の実態について社内制度や仕事内容などの情報提供を行い、生活リズム（睡眠、覚醒リズム等）及び日常生活も含めた体力、業務と類似した行為（読書やパソコン操作等）の遂行状況等の実際面を確認してもらいます。できれば、精神科専門の産業医であるとより良いです。

なお、産業医と契約していない場合や提出された診断書から会社が復職を明確に判断できないこともありますので、可能であれば、本人同意の上で、同席して、主治医から直接本人の状態を確認することをおすすめします。

●職場復帰の可否の判断及び職場復帰支援プランの作成

職場復帰後、再燃や再発にならないようにスムーズな職場復帰を支援するため、最終的な決定の前段階として、必要な情報の収集と評価を行った上で職場復帰ができるかを適切に判断し、職場復帰を支援するためのプランを作成します。この具体的なプランの作成は、事業場内産業保健スタッフ等を中心に、管理監督者（上司）、休職中の従業員の間でよく連携しながら進めます。

①　情報の収集と評価

職場復帰の可否については、必要な情報を収集し、さまざまな視点から評価を行い、総合的に判断することが大切です。情報の収集と評価の内容は次のとおりです。

・従業員の職場復帰に対する意思の確認

希望する復帰先や、希望する就業上の配慮の内容や期間

・主治医からの情報

（1）今後の通院治療の必要性及び治療状況の概要の確認

（2）業務遂行に影響を及ぼす症状や薬の副作用の有無

（3）休業中の生活状況

（4）注意力・集中力の程度

（5）日常生活における業務と類似した行為の遂行状況とそれによる疲労の回復具合（読書やパソコン操作などが一定時間集中してできること、軽度な運動ができること等）

（6）家事、育児、趣味等の実施状況

（7）その他の職場復帰に関して考慮すべき問題点など

・産業医による主治医からの意見収集

診断書の内容だけでは不十分な場合、産業医は従業員の同意を得た上で、必要な内容について主治医からの情報や意見を収集します。（発症から初診までの経過、治療経過、現在の状態、薬の副作用、業務に影響を与える症状、就業上の配慮等）

・従業員の状態等の評価

治療状況及び病状の回復状況、業務遂行能力、今後の就業に関する従業員の考え、家族からの情報（病状の改善の程度、食事、睡眠、飲酒等の生活習慣等）

・職場環境等の評価

業務及び職場との適合性（職場の同僚や上司との人間関係、業務と現在の従業員の業務遂行能力と意欲）、作業管理や作業環境管理に関する評価（作業時間、作業密度などの業務量や業務量の時期的な変動、要求度や困難度などの質等）、職場側による支援・準備状況（配置転換や異動、勤務制度の変更等の実施可能な人事制度上の配慮、業務内容や業務量の変更、就業制限等の就業上の配慮、職場の復職者をサポートする雰囲気等）

・その他

家族の支援状況や職場復帰の阻害要因等

そして、収集した情報を評価します。

②　職場復帰の可否についての判断

職場復帰が可能か、事業場内産業保健スタッフ等が中心となって判断を行います。

【職場復帰可否の判断基準】

職場復帰の可否は、さまざまな情報を勘案して最終的に会社が決めますが、会社には労働契約上の安全配慮義務があります。したがって、復職を認めたが時期を見誤り、すぐにまた欠勤することの無いように、慎重に判断しなければいけません。また、たとえ、就業規則に復職の基準として“従来の業務が健康時と同じ程度にできるまで回復すること”と規定していても、“復職可”とする診断書と実際の回復度合いに乖離があり、従業員の業務遂行能力が完全に改善していないことがあるかもしれません。そのような可能性も想定したうえで、職場の受け入れ体制を考える必要があります。もし、その場合、休職期間の残余期間があれば、試し出勤制度を利用し、回復度合いを確認することも1つの方法です。また、休職前の業務、例えば運転業務等の一定の危険を有する業務とは違うと復職できるケースもあります。その場合は、会社と本人との労働契約内容（職務限定の契約の確認）や、配置転換が可能かどうかなど、会社の現状を勘案のうえ、判断することになります。

いずれにしても、基本は、復職後、所定労働時間勤務することを前提のうえで本人にもその旨を確認し、復職判断すると良いでしょう。判断基準の例を下記に示します。

＜判断基準の例＞

・労働者が十分な意欲を示している
・通勤時間帯に一人で安全に通勤ができる
・決まった勤務日、時間に就労が継続して可能である
・業務に必要な作業ができる
・作業による疲労が翌日までに十分回復する
・適切な睡眠覚醒リズムが整っている、昼間に眠気がない
・業務遂行に必要な注意力、集中力が回復している　　　　など

復職可能と判断したら、次に進みます。

③　職場復帰支援プランの作成

以下の項目について検討し、休職していた従業員が復職するにあたって、復職日、就業上の配慮など具体的な支援内容を定めた、職場復帰支援プランを作成します。通常、元の就業状態に戻すまでにはいくつかの段階を設定しながら経過をみます。職場復帰支援プランの作成に当たってはそれぞれの段階に応じた内容及び期間の設定を行う必要があります。また、各段階で求められる水準（例えば、職場内での仕事に関する意思疎通が可能、顧客との折衝が可能、残業が可能など）も明記します。

・職場復帰日
・管理監督者による就業上の配慮

業務サポートの内容や方法、業務内容や業務量の変更、段階的な就業上の

配慮（残業・交替勤務・深夜業務等の制限又は禁止など）、治療上必要な配慮（通院等）など

・人事労務管理上の対応等

配置転換や異動の必要性、勤務制度（短時間勤務等）変更、就業上の配慮（出張制限や危険作業、運転作業、苦情処理業務等の業務制限、転勤についての配慮）の可否及び必要性、

・産業医等による医学的見地からみた意見

職場復帰支援に関する意見など

・フォローアップ

管理監督者や産業保健スタッフ等によるフォローアップ（面談の実施等）の方法、就業制限等の見直しを行うタイミング、全ての就業上の配慮などが不要となる時期についての見通し

●最終的な職場復帰の決定

収集した情報による評価や産業医などの意見を踏まえて、会社による最終的な職場復帰の決定を行います。

・従業員の状態の最終確認

精神疾患の再燃・再発の有無等について最終的な確認を行います。

・就業上の配慮等に関する意見書の作成

産業医は復職の可否や条件付きの復職など、復職に関しての意見や職場復帰に関して配慮すべき内容等についての意見書を作成します。

・事業者による最終的な職場復帰の決定

事業者は最終的な職場復帰の決定を行い、就業上の配慮の内容についても併せて従業員に対して通知します。

●職場復帰後のフォローアップ

職場復帰後は、管理監督者（上司）による観察と支援のほか、事業場内産業保健スタッフ等によるフォローアップを実施します。そして、当初の計画通り

に職場復帰が進まないこともあるので、適宜、職場復帰の支援プランの評価や見直しをします。フォローアップのための面談では、下記に示す事項を中心に従業員及び職場の状況について、本人及び管理監督者（上司）から話を聞き、適宜、職場復帰支援プランの評価や見直しを行っていきます。

・精神疾患の再燃・再発、新しい問題の発生等の有無の確認

・勤務状況及び業務遂行能力の評価

従業員の意見だけでなく、管理監督者（上司）等からの意見も合わせて客観的な評価を行います。また、職場復帰後に、突発的な休業等がたびたび発生するような場合は、面接を行い、再休職を検討するなど、適切な対応を検討する必要があります。

・職場復帰支援プランの実施状況の確認

復帰プランの進行状況については、面談し、職場復帰支援プランが計画通りに実施されているかを客観的に評価し確認を行います。予定通り実施されていない場合には、調整を行う必要があります。

・治療状況の確認

通院状況、服薬の状況、病状や今後の見通しについての主治医の意見を従業員から聞きます。

・職場復帰支援プランの評価と見直し

さまざまな視点から評価を行い、問題が生じている場合は、関係者間で連携しながら、職場復帰の支援プランの内容の変更を検討します。

・職場環境等の改善等

職場復帰する従業員がよりストレスを感じることの少ない職場になるよう、作業環境・作業方法、労働時間管理（長時間労働、突発的な残業の発生等）、人事管理（能力や適正、人間関係等を考えた人材配置等）、仕事のサポート体制など、職場環境等の評価と改善を検討します。

・管理監督者、同僚等の配慮

職場復帰をする従業員を受け入れる職場の上司や同僚等に、過度の負担がかからないように配慮します。

以上が職場復帰支援の流れになりますが、職場復帰は元の慣れた職場へ復帰させることが原則です。それは、より好ましい職場環境だったとしても、新しい職場環境に慣れるまでにはある程度の時間と心理的負荷化がかかります。そして、そこで生じた負荷が疾患の再燃や再発に結びつく可能性が指摘されています。ただし、その職場環境が誘因として発症した可能性のあるケースでは、配置転換や異動をした方が良い場合もあります。そして、復帰後はいきなり発病前と同じ質、量の仕事をすることには無理がありますので、労働負荷を軽減し、段階的に元へ戻すなどの配慮が重要です。

第５節　キャリアコンサルタントの役割

メンタルヘルス不調者がキャリア相談に来るときは、うつなどが落ち着いて寛解になり、就職相談に来る、あるいは、長時間労働やハラスメントにあって、不調な状態で、転職しようかどうか悩んでいるという問題を抱えた人かもしれません。いずれにしても、不調が疑われたら、状況によっては、医師につなぐことや、ハラスメントを受けていたり、長時間労働の労働環境の場合は、会社側に対し法的な見地から、しかも対立的に折衝すべき必要も考えられることから弁護士などの専門家につなぐことも必要です。それ以外にも、業務起因性があり、精神疾患になった場合は、労災の申請ができる可能性がある旨を伝え、一度、労働基準監督署に相談することを伝えても良いと思います。初めてメンタルヘルス不調になり、会社を退職しても、労災を申請しない人が意外に多いのです。もちろん、そのような気力や考えることができない状態であると推測しますので、その場合は家族が代わりに対応する方法もあります。しばらく働けない状態の場合は、労災認定されると、休業補償給付が支給されますので、生活費の代わりになります。

また、会社が行うべき対策については前述のとおりですが、もしもメンタルヘルス不調者が職場で出たら、あるいは不調者だった人が入社して再発した場合には、簡単には解雇できませんので、そのようなことが起きないように、普段からメンタルヘルス対策の体制を社内で整えておく必要があります。会社に不調者を出すことは本人だけではなく、会社にとっても前述のとおり「3つのリスク」が考えられる、非常に辛いことなのです。

第7章
性的マイノリティであるケース

第1節　性的マイノリティについて

1　性的マイノリティを取り巻く現状について

最近では日本でも性的マイノリティに関心が集まり始めていますが、解決すべき多くの問題があります。例えば、社会生活全般において差別や蔑視がある等の基本的人権の観点、ハラスメントや解雇等の労働問題やメンタルヘルスの観点、そして、性別の制服の着用や男女別の施設の使用など、学生が学校生活の場面などで生じるなやみや不安などの教育現場での観点等です。その背景のひとつには、これまで日本では、性的マイノリティに関して差別に関連する法整備が実現されてこなかったため、基本的な人権が保障されていない現状がありました。そのため、当事者は差別などを恐れカミングアウト（自ら表明すること）ができない一方で、最近でも経済産業省の職員の事件（後述第５節③「会社内施設の利用の問題」参照）にもあるように、トイレなどの施設の利用の条件にカミングアウトを要請するなど、当事者の人権への配慮に乏しい対応が行われることもありました（ただし、本件はまだ係争中）。この他にも公衆トイレ、公衆浴場の使用など様々な場面で、不便や不利益がつきまといます。

この点、2020 年６月１日から労働施策総合推進法改正に基づく事業主のパワーハラスメント対策の義務化がスタートしましたが（ただし、大企業に限り。中小企業は 2022 年から）、その指針の中で、「性的指向」や「性自認」を理由とした差別やパワーハラスメントも指針の対象となることが明記されました。

また、男女雇用機会均等法の「事業主が職場における性的な言動に起因する問題に関して雇用管理上講ずべき措置についての指針」でも、「被害を受けた者の性的指向又は性自認にかかわらず、当該者に対する職場におけるセクシュアルハラスメントも、本指針の対象となるものである」と規定されています。

実際に、性的マイノリティに関しての研究や人権に関する啓蒙活動を行っているいくつかの組織が独自に集めた統計調査や資料をみると、職場での多くのハラスメント事例が掲載されており、本人が性的マイノリティであることを明かすと、就業環境を害されたりしないか、職場の採用、配置、昇進や解雇等における性的指向や性自認に関する差別などを受けて、キャリア形成に影響するのではないかとカミングアウトすることに躊躇することがうかがえます。LGBTの人権に関する世界規模の調査研究をまとめた国連人権高等弁務官の報告書（谷口洋幸『国際人権の視点からみる日本の現状』11頁）でも、LBGT/SOGIだけを理由とする雇用・昇進の拒否や解雇が続いていること、差別を禁止する法規制があっても効果的な救済が得られていないこと、職場におけるハラスメントが横行していること等が指摘されています。また、国際労働機関（ILO）も、教育上の差別やハラスメント、LBGT/SOGIを隠していることが原因となり離職や精神的・経済的困難に陥りやすいこと、健康管理や家族的保障の対象外となるため社会的烙印や偏見に苛まれること等が各国の共通課題としてまとめています。

このように、差別的な対応を恐れ、カミングアウトをしない性的マイノリティが少なくないことが予想されますが、その場合、悩みを誰にも相談できず、適切な支援を受けづらいという実情や、うつの経験がある人も少なからずいるとされています。

2　性的マイノリティとは

ここで、性的マイノリティについて、少し説明します。まず、「性的マイノリティ」とは、性的指向・性自認の多様性を持つ性的少数者を総称することばですが、現在では、主に「LGBT」という言葉が使われたり、また、性的マイノリティであるすべての者が「L」「G」「B」「T」のいずれかに当てはまるというわけではありませんので、「SOGI」という、LGBTよりもう少し広い概念を表す言葉を使用することがあります。このSOGIとは、どの性別を好きになるか／ならないかを表す「性的指向（Sexual Orientation）」、自分の性別をどう認識しているかを表す「性自認（Gender Identity）」の頭文字を取った、属性や特徴を表す言葉です。

ここで、少し言葉の定義について説明したいと思います。

●性自認（Gender Identity）

自分の性をどのように認識しているのか、どのようなアイデンティティ（自己同一性）を自分の感覚として持っているのかを示す概念です。性自認は性的指向とは別のものです。

トランスジェンダー（Transgender）とは、例えば、身体的な性が男性であっても性自認が女性というように、身体的な性と性自認が一致しない人を指します。その解消のために医学的対応を含めたどのような対応を望むか、また身体的な性と異なる衣服等の表現をするかどうかは、当事者により異なります。恋愛対象は異性の場合も同性の場合もあり、両方の場合、いずれでもない場合もあります。

（注）「性自認」という用語の定義については、文部科学省の教職員向け理解・啓発資料より参照。

●性的指向（Sexual Orientation）

人の恋愛・性愛がどのような対象に向かうのかを示す概念で、恋愛・性愛の対象が異性に向かうヘデロセクシュアル（異性愛）、同性に向かうホモセクシュアル（同性愛）、男女両方に向かうバイセクシュアル（両性愛）等があります。具体的には、つぎのような言葉で表現しています。

・レズビアン（Lesbian）：性自認は女性で、恋愛対象は女性（女性の同姓愛者）
・ゲイ（Gay）：性自認は男性で、恋愛対象は男性（男性の同性愛者）
・バイセクシュアル（Bisexual）：性自認は男性又は女性で、恋愛対象は女性と男性の両方（両性愛者）

●LGBT

前述のレズビアン、ゲイ、バイセクシュアル、トランスジェンダーの英語の頭文字をとり、性的指向や性自認などに関して、少数者と位置付けられている人々を総称する語として使用されています。

性的マイノリティは、この4つのカテゴリーに限定されるものではなく、LGBTのほかにも、身体的性、性的指向、性自認等の様々な次元の要素の組み合わせによって、多様な性的指向・性自認を持つ人々が存在しています。

例えば、クエスチョニング（Questioning：性的指向や性自認が揺れ動いたり、いずれかに決められない、決めたくない、わからない等の感覚の人）、Xジェンダー（特に性自認において、特定の枠組みに当てはまらない、揺れ動く等の感覚の人）と表現される人々もいます。セクシュアリティの多様性を示すために、LGBTQやLEBTsと表記することもあります。

また、LGBTに代表される性的マイノリティを理解し、必要があれば支援するという考え方、あるいはそうした立場を明確にしている人々をさすアライ（Ally）という表現もあります。

●性別違和（Gender Dysphoria）

「生物学的性別（sex）」と「性自認」あるいは自己認知（Gender Identity）が一致しない人がいます。その中には、性自認にしたがって身体的な性を変更したり、変更を望む人もおり、医学的な診断名を「性別違和」（又は性同一性障害：Gender Identity Disorder）といいます。

3　性別違和の人に見られる3つの症状

性別違和を有する人には、以下の3つの症状がよくみられるとされています（厚生労働省「みんなのメンタルヘルス」参照）。「自らの生物学的性別とジェンダー・アイデンティティが一致しない状態」について、社会の理解を得られないと思い、周囲はもちろん、両親にもカミングアウトできず、自分の内側に抱え込み、精神的に苦しんでいたりします。そこから、生物学的性別を自己のジェンダー・アイデンティティに近づけたいという願望が生じ、その願望からくる症状として、理解することができます。

①　自らの性別を嫌悪あるいは忌避する

自分の性器が間違っている、成人になれば反対の性器を持つようになるであろうなどと主張したり、自分の性器はなかったらよかったのにと考えることもあります。

②　反対の性別に対する強く、持続的な同一感を抱く

自分の存在そのものを、自らのジェンダーと同一化したいと願い、反対の性別になりたいと強く望みます。そのために、反対の性別の服装（異性装）をしたり、反対の性別としての遊びを好みます。

③　反対の性別としての性別役割を果たそうとする

日常生活の中でも反対の性別として行動したり、義務を果たしたり、家庭や職場、社会的人間関係でも、反対の性別として役割を果たそうとします。また、言葉遣いや身のこなしなど、様々な点で、反対の性別として役割を演じることを希望し、実際そのように実行します。

第２節　職場における現状と問題点

1　職場側の意識の問題

前述のとおり、性自認とは、自分の性をどのように認識しているのか、どのようなアイデンティティ（性同一性）を自分の感覚として持っているのかを示す概念です。多くの人は、性の自己認識（性自認）と生物学的な性が一致していますが、この両者が一致しない人は、そのために違和感を覚えたり、身体の手術を通じて性の適合を望んだりすることもあります。このような本人の生きづらい現状を少しでも解消するために、2004年７月に「性同一性障害者の性別の取扱いの特例に関する法律」が施行され、この法律により、性別違和者であって一定の条件を満たす者については、性別の取扱いの変更の審判を受けることができるようになりました（2008年６月に改正法によって要件を緩和）。しかし、対象はあくまで性別違和者に限られていますし、これは、こうした悩みを抱えた人に対する偏見や差別の問題を扱った法律ではありません。

また、最近では性的マイノリティであった世界的に有名な歌手の映画がヒットし、少しずつ性的マイノリティに対する差別や偏見の問題にも関心が向けられるような時代になってきました。しかし、職場では、性的マイノリティの抱える人権問題についての啓蒙活動がほとんどされていないこともあり、まだ意識が低いような状況がうかがえます。

2016年8月に20〜59歳の男女に日本労働組合総連合会が行った「LGBTに関する職場の意識調査」の結果では、「職場の上司・同僚・部下等が、いわゆるレズビアンやゲイ（同性愛者)、バイセクシュアル（両性愛者）であった場合、どのように感じるか」という問いに対し、回答は、全体で「嫌でない」は65%、「嫌だ」は35%でした。男女別では、女性より男性の方が抵抗を感じるようで、男性の約半数近くが「嫌だ」という結果でした。また、トランスジェンダー（心と身体の性別が一致しない人）の場合は、抵抗の感じ方が少し下がり、全体で「嫌でない」が73.7%、「嫌だ」が26.3%であり、こちらも、女性より男性の方の抵抗が高く、男性の38%が「嫌だ」、女性の14.6%が「嫌だ」という結果になっています。両質問とも世代別にみると、若い世代より上の世代が抵抗を感じているという結果になっています。

また、「LGBTに関するハラスメントを経験したこと、または見聞きしたことがあるか」という質問に対して、2割強があるという結果で、管理職では約3人に1人以上という結果になっています。そして、「LGBT」が身近にいる人ではLGBT関連のハラスメントを受けたり見聞きしたりした人は約6割と高い割合になっています。

その他、職場におけるLGBT関連の差別的な取り扱いを受けたり見聞きしたりした人は1割強、「LGBT」が身近にいる人では、3人に1人が受けたり見聞きしたりしたと回答しており、このように差別的な取扱いを受けたり、ハラスメントを受けているという現状が少なからずあることが予想される結果になっています。

2　裁判例について

EUでは、性的指向を理由とする差別を採用から解雇まで雇用の全局面で禁止するよう加盟国への義務づけがなされ、それにしたがって各国の国内法が整備されています（水町勇一郎『労働法』300頁（2019））。しかし、日本では法整備が進んでいないことから、これまで、性的指向や性自認に関する裁判例が係争中も含め、少ないのが現状です。以下は、その裁判例のひとつに、S社性同一性障害者解雇事件（東京地決平成14.6.20労判830号13頁）があります。

出版業を営むS社に元々男性として採用された従業員が、女性の服装で勤務することや女性更衣室の使用等を申し出たところ、S社側がこれを認めず、むしろ、従業員が女性の容姿をして出勤するたびに自宅待機を命じ、ついには女性の容姿では出勤しないよう業務命令を出しました。それにも関わらず従業員がこれに従わなかったことから、主には、以上の業務命令違反等を理由に懲戒解雇をして、その解雇の有効性が争われた事案です。

これに対し裁判決定は、この懲戒解雇を無効としました。まず、この従業員はその前に、性別違和の診断とカウンセリングを受け、家庭裁判所で女性名への改名まで認められています。それにも関わらず、S社側が前述のような業務命令を出した背景について、裁判決定は、S社内の他の従業員のうち、「相当数が女性の容姿をして就労しようとする債権者（当該労働者のこと）に対し、嫌悪感を抱いたことがある」ことを認めています。

しかし、当時はもちろん、今日、そのようなS社内の性別違和者に対する偏見や無理解は、会社内の研修等を行うことで、克服すべきと言うべきでしょう。S社側はさらに、取引先や顧客が債権者（当該労働者のこと）に違和感や嫌悪感を抱く恐れがあると主張したのですが、それらがS社の業務遂行上著しい支障を来すおそれがあるとまで認められないとして、この懲戒解雇に相当性はなく無効であると判断しています。

なお、この裁判決定は、あくまで懲戒解雇が有効かどうかを判断したものに過ぎません。しかし、今日であれば、逆に、以上のようなS社の対応は、第5節で述べるように、この従業員に対するハラスメントにも当たりかねません。

前述の裁判決定も、S 社側に「債権者（当該労働者のこと）の性同一性障害に関する事情を理解し……債権者の意向を反映しようとする姿勢」に欠ける面があったことを認めています。今日、女性の社員であるからといって、過度に女性らしさを求めること自体がかえってセクシュアルハラスメントにもなりかねない時代です。一般消費者を営業の相手にする等の商売の性格上、従業員に相当程度のみなりを求めることは会社としても認められるわけですが、その従業員の「ジェンダー・アイデンティティ」を踏まえ、ハラスメントにならないような適切な対応が求められていると言うべきでしょう（この点は第 5 節で後述）。

第3節 性別違和の治療や戸籍の変更

ここまでは、留意すべき性的マイノリティの従業員が置かれている現状や問題点について説明しました。第 3 節では、性別違和者が抱える問題について述べたいと思います。

1 性別違和の治療

前節まで、性的マイノリティの現状について説明しましたが、ここでは、性別違和の治療について少し述べたいと思います。まだ、現実には安全性の確保や保険適用の問題などもあり、性別適合手術を行うことは多くありませんが、前述のとおり、2004 年 7 月に「性同一性障害者の性別の取扱いの特例に関する法律」が施行され、この法律により、性別違和者であって性別適合手術を行うなど、一定の条件を満たす人は、性別の変更の審判を受けられるようになりました。実際に毎年、性別変更の審判の申立件数が増えてきています。当職のクライアントにも性別違和の方がおり、その中には、性別適合手術を行って、性別の変更と改名をされた方がおります。まだ、性別変更前のことですが、自己認識と違う自分の性別が記載されている書類等を見るだけで、痛切なほどに拒否反応を示すのを目にしたことがあります。とても苦しい胸の内であることがそこから推測できました。

この治療を行うことは、倫理的な問題もあることから、決して容易なことではありません。過去に「ブルーボーイ」事件というのがあり、3人の性転向者である男娼（ブルーボーイ）の求めに応じて、法定の除外事由がないのに、ゆえなく生殖を不能にすることを目的として、睾丸摘出、陰茎切除、造膣など一連の性転換手術を行ったとして、手術を行った産婦人科医が優生保護法（現在「母体保護法」28条）違反として有罪になりました。昭和44年当時の日本では、性転換手術に関する医学的研究が十分ではない中、医学的な前提条件や、性同一性障害の診断と治療に関する正当な医療とするための基準が示されていない現状がありました。その後、この治療の道を開くために、1997年5月に日本精神神経学会より「性同一性障害の診断と治療のガイドライン」が発表され、現在は、基本的にこのガイドラインに基づき治療を行っています。

治療は、精神科領域の治療（精神的サポート）と身体的治療（ホルモン療法とFTMにおける乳房切除術、性別適合手術）で構成されます。治療は画一的にこの治療の全てを受けなければならないというものではありません。身体的治療については、治療に関する十分な理解を前提としたうえで、自己の責任において、どのような治療をどのような順番で受けるのかを自己決定することができます。ただし、診断の手続きと精神領域の治療を省略することはできません。

このように、治療には、精神科医のサポートも必要であり、医療チームを作って行います。チームの構成には、性別違和の診断と治療に理解と関心があり、十分な知識と経験を持った精神科医、形成外科医、泌尿器科医、産婦人科医などによって構成されています。そして、性別適合手術適応判定会議には、当該医療チームのほか、法曹関係者や学識経験者などのメンバーを加えて判定の法的あるいは倫理的妥当性が確保されているかを確認します。

したがって、全国でも治療ができる病院が限定され、専門医も少ないのが現状であり、海外で手術を行う人もいます。しかし、その中で、性別違和の治療の充実を目指して、GID 学会では、認定医制度を設けています。

＊都道府県等の精神保健福祉センターでは、性別違和の相談を受けており、専門機関等、必要な情報に結びつくように努めています。

2　戸籍の変更について

性別違和を有する人が、外科的治療を行い、外見的には反対の性別に限りなく近づいたとしても、自らの所属する「戸籍上の性別」が変更されないと、手術を受けた人の QOL は高まりません。そこで、国は「性同一性障害者の性別の取扱いの特例に関する法律」を平成 15 年 7 月 10 日に制定し、性別を変更できるようにしました。ただし、特例法 3 条に規定している、20 歳以上（2022 年 4 月 1 日から 18 歳以上に改正）であること、婚姻をしていないこと、未成年の子がいないなどの 5 つの要件を満たしていることが必要です。

●申立てに必要な書類

（1）申立書

（2）標準的な申立添付用紙

・申立人の出生時から現在までのすべての戸籍（除籍，改製原戸籍）謄本（全部事項証明書）

・所定の事項の記載のある 2 名以上の医師による診断書

＊　厚生労働省で定めた診断書の参考様式があり、裁判所の受付窓口にもあります。

＊　診断書は 2 人以上の医師の連名で 1 通の診断書を作成しても、各医師にそれぞれ診断書を作成してもどちらでもよいです。

・審理のために追加書類の提出を求められることがあります。

●申立てに必要な費用

・収入印紙 800 円分

・連絡用の郵便切手（申立てする家庭裁判所へ確認してください）

●申立て

・変更審判の申立ては、本人が住んでいる場所を管轄する家庭裁判所に行います。

・申立てができるのは、性別の取扱いの変更を求める本人です。

●申立て後の手続きの内容

家庭裁判所への申立て後は、必要に応じて、家庭裁判所調査官による調査を行ったり、裁判官が直接事情を聴いたりします。裁判官はこうして得られた結果をもとに、性別の取扱いを変更するかどうかの判断をします。そして、変更審判がされた後、申立人を筆頭者とする新戸籍が編製され（戸籍が申立人単独のものである場合は新戸籍の編製はされません）、父母との続柄欄が更正されます。ただし、従前の戸籍における他の兄弟等の父母との続柄欄は訂正されません。

なお、変更審判がされた場合には、裁判所書記官から申立人の本籍地の市区町村長に対し、戸籍の記載を依頼しますので、申立人から戸籍の届出をする必要はありません。

●変更審判の効果

変更審判がされると、家庭裁判所から申立人に対してその旨が通知されます。変更審判を受けた人は、法律に別段の定めがある場合を除き、その性別から他の性別に変わったものとみなされますので、変更後の性別で婚姻をすることなどもできるようになります。

●名前の変更

性別違和による改名を行うためには家庭裁判所の審判を経て、許可される必要があります。変更審判の申立てとは別に、名前の変更の許可の申立てをすることが必要です。

特別法が施行されても、問題は残っており、例えば、「性同一性障害者の性別の取扱いの特例に関する法律」第4項、第5項の要件は、性別適合手術（SRS）を受けなければ満たすことができず、事実上、戸籍の性別を変更するには性別適合手術が必須となっています。性別違和の人の中には侵襲性の高さへの懸念や手術にかかる費用の大きさなどから、性別適合手術を受けずに希望の性別で社会生活を送っている人が多くいます。本来は性別の違和感の軽減が目的であるのに、戸籍の性別を変更するために、性別適合手術を要件にすることは人権の観点からもそぐわないように思われます。ちなみに、性別に関する特例法が施行された2004年7月から2017年までに、申し立て受付けは総計8,058件でしたが、そのうち、裁判所で認められた性別変更は7,809件でした（「日本性同一性障害と共に生きる人々の会」調査による）。また、現在では、1年間の申立件数が当初の4倍近くになっています。

第4節 社会保険について

1 健康保険と傷病手当金

性別違和を有する人を取り巻く医療的環境は必ずしも整っているわけではありません。その一つは前述のとおり、専門とする医療施設や専門医が少ないことがあげられます。特に性別違和の診断と治療は複数の診療科の連携を必要とするために、一層対応できる施設に限りがあるのが現状です。

もう一つは、保険適用の問題です。一部の手術療法の保険適用が認められることになりました。しかし、この保険適用に関しては，一定の基準を満たす医療施設（認定施設）に限定すること、日本精神神経学会の「診療と治療のガイドライン」に従って診療が行われること、手術例を登録して、本当に安全に行われたのか、有効であったのか、後悔する例は稀であったのか等を、今後示すことなどの条件が課せられています。

これは、傷病手当金の申請でも同様であり、一定の基準を満たす医療施設

（認定施設）で治療を受けており、日本精神神経学会の「診療と治療のガイドライン」に従って診療が行われることなどの要件が課されています。例えば、性別適合手術を行った場合、療養のための休職が必要になります。その期間について、前述の要件を満たし、労務不能で会社を休んでいることを医師が傷病手当金支給申請書に証明すれば、傷病手当金の給付を受給できる可能性があります。なお、ガイドラインに沿った治療を行っている等の詳細を確認するために、保険者（全国健康保険協会等）から追加書類を要求されることがあります。

また、現在、混合診療（保険診療と保険外診療の併用）は原則として禁止されており、その場合、全体について、自由診療として整理されます。このため、性別違和に対する一連の治療として、ホルモン療法（自費）と手術療法とが行われる場合には、手術療法は保険適用とはなりません。

実際に、認定施設においては、日本精神神経学会のガイドラインに従って診断が行われ、多くの場合、ホルモン療法の実施を含む望む性での生活（RLE：Real Life Experience）を行っている状況を確認したうえで、性別適合手術の適応を判定しています（学会からの情報による）。すなわち、ほとんどの手術希望例は、すでにホルモン療法（自費）を実施しているため、手術療法は保険適用にならない実情があります。

2　社会保険の手続き

性別の変更を行った場合には、社会保険の手続きとして、年金、健保保険、雇用保険の現在の加入履歴に対し、性別変更の手続きを行う必要があります。健康保険組合に関しては、独自のルールがあるので、本書では、全国健康保険協会に加入している対象者を前提に記述します。したがって、申請書については、年金と兼ねた様式になります。

提出する書類は、「性別変更申出書」に、古い保険証、戸籍謄本又は戸籍抄本を添付して広域事務センター（年金事務所でも受付けます）に提出します。その後、受け取った書類を確認し、過去の資格取得時（厚生年金等加入）に登録している性別をすべて変更します。終了後、全国健康保険協会にデータを送付し、数日で健康保険証が発送されるという流れです。

また、年金手帳の発行手続きについても、過去の年金加入時の記録の性別変更が行われてから新しい手帳が本人に送付されます。健康保険証の発行時も同じですが、過去に、地方などに転居をしていた場合は、その各地の管轄の広域事務センターでデータの修正が行なわれ、すべての加入履歴が修正されてから発行になりますので、かなり時間がかかる場合があります。したがって、保険証の発行と年金手帳の発行は通常より時間がかかるということを認識してください。その際、現在発行している旧保険証を手元に届くまでは利用し、新保険証が来た場合に差し替えることが認められています。

一方、雇用保険の性別の変更には「雇用保険被保険者記録性別・氏名変更届」を管轄のハローワークに提出します。添付するのは、審判書謄本、戸籍謄（抄）本等（公共機関が出している証明書で性別が確認できるもの）のコピー、雇用保険被保険者資格取得等確認通知書（事業主通知書）です。

次に、名前の変更手続きについてですが、社会保険の手続きの場合は、「健康保険・厚生年金被保険者氏名変更届」を広域事務センターに提出しますが、特に添付する書類はありません。ただ、「性別変更申出書」と一緒に手続きを行う方が、スムーズに手続きが進みますので、必要な場合は、一緒に手続きを行ってください。また、雇用保険の氏名変更の手続きは、性別の変更時と同じ様式を使用します。その際に、名前が変わったことを証明する戸籍謄本（戸籍抄本）のコピーの添付が必要です。

なお、2017年より、性別違和である本人や被扶養者から希望があり、保険者が認めた場合に、裏面を含む被保険者証全体で、戸籍上の氏名を確認できれば、被保険者証の表面の氏名欄には「通称名」を記載し、裏面の備考欄に戸籍上の氏名を記載すること等ができるようになりました。ただし、申請する場合には、医師の診断書等の性別違和が確認できる書類およびその通称名が社会生活上日常的に用いられていることが確認できる添付書類が必要です。

第5節　会社の対応について

最後に、性的マイノリティの従業員に関して会社がとるべき対応や対策について述べておきたいと思います。

1　ハラスメント対策

本章冒頭で、2020年6月1日から労働施策総合推進法改正に基づく事業主のパワーハラスメント対策の義務化がスタートし、その指針の中で、「性的指向」や「性自認」を理由とした差別やハラスメントも指針の対象となることが明記されたと述べました。具体的には、パワーハラスメントに該当すると考えられる例として、「人格を否定するような言動を行うこと。相手の性的指向・性自認に関する侮辱的な言動を行うことを含む」と規定されています。そして、男女雇用機会均等法において、セクシュアルハラスメントに当たるとされていることも本章冒頭で述べているとおりです。

したがって、職場における性的マイノリティに対しての言動についても、パワーハラスメントやセクシュアルハラスメント等何らかのハラスメントに該当することがあるといえます。カミングアウトをしていない潜在している性的マイノリティもいるので、その点にも意識を置きながら、職場では、性的マイノリティに対して侮辱する、嫌悪感や差別意識を持つような言動をして就業環境が害されることのないように、注意を払う必要があります。そこで、つぎのように就業規則に「性的指向・性自認」に関するハラスメント禁止規定を入れることが考えられます。

「いじめ、いやがらせ、性的指向・性自認に関する言動によるものなど職場におけるあらゆるハラスメントにより、他の労働者の就業環境を害するようなことをしてはならない。」

そして、ハラスメント研修などを行う際に、性的マイノリティに対しての基礎知識や当事者にとって嫌悪感を持つ言動について説明すると効果的であると思います。前述の日本労働組合総連合の調査で、LGBTに関するハラスメントや差別については、「防止・禁止すべき」という意見が半数でしたが、一方で「わからない」とする回答も4割近く存在していました。したがって、どのようなケースがハラスメントにあたるのか等、職場におけるこの課題に関する周知不足もうかがえます。性的指向や性自認に困難を抱える当事者が働きやすい職場、社会をつくるためには、職場や社会における理解を深めるための周知・啓発や、具体的な労働環境の整備を各職場で進めるといった取り組みが必要です。

2　採用面接で性的マイノリティであるか否かを確認することの問題

会社は、どのような人をどのような条件で雇うのか、原則として、自由に決定できます。しかし、何の制約もなく、会社が自由に採用できるわけではありません。労働施策総合推進法（旧雇用対策法）では、年齢にかかわらず均等な機会を与えるために、原則、年齢制限を禁止しています。また、男女雇用機会均等法は、性別を理由とした募集・採用の差別を禁止し、障がい者雇用促進法は、障害を理由とした募集・採用の差別を禁止しています。

ただし、性的指向については、強制的に禁止している法律はありません。しかし、参考となるものとして、会社の採用の自由を確立した最高裁の判例（三菱樹脂事件）があります。この裁判例では、思想・信条を理由とする採用差別に関することを争ったものですが、憲法で広く保障されている経済活動の自由の一環として、採用時に、思想・信条などの調査をすることを違法としていません。しかし、一方で、この判例に反対意見を持つ多くの学説もあります。したがって、採用時に性的マイノリティであるか否かを確認することは、業務遂行能力とは関係が無く、しかもプライバシー権の侵害の問題もあるので、公序良俗違反または不法行為として判断される可能性があります。

もっとも、最近では少しずつ、性的マイノリティに対してフレンドリーな会社や、その点を採用時には考慮しない会社が出てきています。そのような会社で、面接時に本人がカミングアウトして、採用した場合には、採用後の配慮についても考える必要があります。例えば、職場に何も知らせなければ、本人のトイレなどの施設の利用や服装などで、他の従業員が違和感を持つことがあります。したがって、職場にスムーズに受け入れてもらうために、会社から事前に知らせておいた方が良いこともあります。その場合には、会社から職場に伝えても良いかどうか本人から同意を取ります。もちろん、職場には隠すケースもありますので、配慮して欲しいことも確認しておいた方が良いでしょう。

3　会社内施設の利用の問題

自認している性での施設の利用については、まだ不合理な制約が残っており、今後の整備が早く望まれる問題です。先日判決があった事件ですが、経済産業省に勤務する性別違和の職員Xが、女性用トイレの利用を制限されるなどの差別を受けたとして、国に処遇改善と慰謝料を求めた訴訟を起こしています。東京地方裁判所は2019年12月21日にトイレの利用制限を取り消し、132万円を支払うよう国に命じました。しかし、国側は同月25日、制限を違法と判断して132万円の支払いを命じた東京地裁判決を不服とし、東京高裁に控訴しました。職員側も主張が認められなかった部分があり、同月25日控訴しています。

事案は、経済産業省の職員（戸籍上の性別は男性であるが性自認は女性）が、入省後性別違和との診断を受けて、女性として勤務したいと申し入れたところ、同省はこれを承認しました。しかし、同省は女性としての身なりで勤務することや、女性用の休憩室や更衣室の使用等を許可しましたが、女性用トイレについては、他の女性職員数名が「違和感がある」という意見等を理由に、使用を認めず、障がい者トイレを使用するように指示しました。そして、もし、女性用トイレを使用したければ、異動ごとに性同一性障害を有し、戸籍上の性別が男性であることの説明会を開いて、同僚の理解を得ることを条件にしました。さらに、「なかなか手術を受けないんだったら、もう男に戻ってはどうか」等の発言によって、Xは精神的に追い詰められ、抑うつ状態となり、約1年2か月の間休職を余儀なくされました。

Xは、2015年に行政措置要求判定取消請求訴訟を提起するとともに、当該処遇や職員の発言が安全配慮義務違反や人格権侵害に該当するとして、国家損害賠償請求訴訟を提起しました。

この事案から、会社が学ぶべきことは、まず、何より当事者の性自認を尊重した対応をとる必要があるということです。戸籍上の性ではなく（戸籍上の性は、生物学的な性別に従って、本人ではなく両親が届け出たものに過ぎない）、本人が自認する性として、社会から認められ、社会生活を送ることは、その本人の人権なのです。本人のジェンダー・アイデンティティに配慮しない対応は、憲法13条「すべて国民は、個人として尊重される。生命、自由及び幸福追求に対する国民の権利については、公共の福祉に反しない限り、立法その他の国政の上で、最大の尊重を必要とする。」の精神に抵触すると言うべきです。性別違和を有する方の中には、身体上のリスクや費用等の問題もあり、性別適合手術を望む人と望まない人もいます。手術をする、しない、それ自体が本人の選択の自由です。周りがあれこれ言う問題ではありません。前述の事件のような、「手術を受けないんだったら～」という言動は、それ自体がハラスメントに該当する可能性があります。

次に、Xにとって、戸籍上の性別が男性であることは知られたくないプライバシーであり、障がい者用トイレを強要することもその露見に繋がる可能性があります。

したがって、トイレ使用や服装の自由はもとより、本人が申請した性自認にもとづく処遇を雇用主が認め、社員研修を徹底し、差別的言動はハラスメントとして厳正に処分・是正するという姿勢を会社の方針として示すことが重要と考えます。たとえ違和感がある従業員がいたとしても、性的マイノリティについての説明や理解を深める説明や性的マイノリティの人権問題に関する研修をし、働きかけることで、違和感の解消に努めることこそ会社側の責務と考えられます。

4　カミングアウト（自ら表明すること）に関する対応

前述の事件のように、職場同僚等周囲へのカミングアウトを強要することは、プライバシー権の侵害につながります。また、従業員自らが周囲に性別違和であることをカミングアウトしていないにもかかわらず、それを相談された人事担当社員が勝手に他の従業員に知らしめてしまうということは決してしてはいけません。これは、いわゆる「アウティング行為」といい、性的マイノリティなどに関し、本人の承諾を得ず、その性的指向や性自認を公表することであると言われています。そして、本章の冒頭で述べたパワーハラスメントに関する指針には、パワハラに該当すると考えられる例として「労働者の性的指向・性自認や病歴、不妊治療等の機微な個人情報について、当該労働者の了解を得ずに他の労働者に暴露すること」をあげています。したがって、これらの行為は、名誉棄損罪や当該従業員の権利を侵害する行為となりますので、他の従業員や取引先へ説明をする場合は、説明方法について、本人と協議し、了解を得るというステップを経ることが必要です。

5　配置、昇進、解雇などの差別の禁止

第2節で紹介したS社事件にあるとおり、戸籍上の性にあった服装や態度をしていないからという理由で、ただちに業務秩序違反にもとづく解雇にできないのは、今や明らかなことです。

解雇が有効とされるのは、労働契約法16条の「客観的に合理的な理由があり、社会通念上も相当である」という要件を満たす必要があり、その従業員の労務提供自体が会社の業務遂行上に著しい損害を与えた場合等に限られるでしょう。

次に、配置、昇進についてですが、参考になる最高裁の判例で、「東亜ペイント事件」（最高裁第二小法廷昭61.7.14判決、労働判例477号6頁）があります。転勤、配転の有効性について、①就業規則上に規定されていること、②権利の濫用が無いことが必要とされており、そして、権利の濫用については①業務上の必要性、不当な動機目的の有無、③労働者の不利益の程度で判断されます。

したがって、性的マイノリティを会社に告げたことで、営業職であった従業

員を対人関係の仕事からすぐに外すような配置転換や異動を行うと、むしろ違法性を指摘される可能性があります。また、嫌がらせであると想起させるような配置転換も注意が必要です。当該従業員が性的マイノリティであることと、転勤等の業務上の必要性は直ちに関連性があると考えにくいからです。

6　相談窓口

社内で相談窓口を設置し、性的マイノリティの当事者からの相談を受ける体制を整えておくことも考えられます。その場合は、担当者との守秘義務契約を交わしておき、違反した場合には懲戒対象にすることも必要です。また、担当者には、性的マイノリティに対する知識や理解を深める研修を行っておくことも有用です。

また、キャリア教育の中ではまだ性的マイノリティが想定されないこともあり、自身がどのように生き、働けるか選択肢が描けず、キャリア育成や進路選択を困難にすることも予想されます。その点も対応できることが望ましいといえます。

以上が会社として、最低限留意しておく必要があることですが、まずは、性的マイノリティに対しての知識や理解を深めるための研修や勉強会を行い、ハラスメントに当たらないような言動に注意するような雰囲気づくりが大切です。そして、特別扱いしないで本人の自認している性を前提とした、誰とも違わない、普通の接し方をすることが重要と言うべきでしょう。また、カミングアウトしていない人もいますので、不用意な言動に人知れず傷つくこともあります。そのことを前提に、ハラスメント行為全般にいえることですが、このような行為は、ハラスメント行為、あるいは差別行為にあたるのではないかと言動を起こす際に、一度考える間を持つように習慣づける雰囲気を醸成していくことが大切です。

一方で、会社としてこれから取組を行う会社が多いと思いますし、どこまで取り組むかは各社の考えによりますが、先進企業の中には、人事部にパートナー登録を行うと、異性間の婚姻時と同等の内容の福利厚生（結婚祝い金、結婚休暇、子の看護休暇、慶弔休暇等）を付与しています。また、社内に「アライ」（性的マイノリティ当事者や支援者のネットワーク）のネットワークをつくり、当事者同士が意見交換や支援をすすめる会社もあります。多様な人材の活躍を期待する機運が高まる中、どのようにそれぞれの人材にあった雇用管理ができるかは、まさに会社の腕次第なのです。

そして、キャリアコンサルタントに相談者が来た場合には、センシティブなことにも触れるので、以上述べてきた知識を踏まえて、本人を取り巻く環境や気持ちを十分汲みとったコンサルティングを求められることに留意する必要があるのです。

索　引

著者紹介

石井　清香（いしい　さやか）

特定社会保険労務士、キャリアコンサルタント、経営管理学博士

大学卒業後、第一生命保険相互会社に入社し、本社（収益管理部等管理部門配属）にて約10年勤務する。その後、会計事務所、社会保険労務士事務所勤務を経て、平成18年4月に渋谷区にて総合労務コンサルタント石井清香事務所を設立開業する。

会社の就業規則作成、労働トラブル対応や労務環境整備を中心業務とし、女性活用、育児や介護に携わる社員の両立支援対策など、ダイバーシティマネジメント（多様な人材活用）にも注力している。内閣府東京圏雇用相談センター相談員（https://t-ecc.jp/）。他に、現在、聖路加病院にて、がん患者就労支援に6年従事し、仕事と治療の両立支援を行っている。その他、プライバシーマーク取得コンサルティング（プライバシーマーク審査員8年）も行う。

経営管理学博士（立教大学大学院。論文テーマ：ダイバシティ経営と人事制度～女性管理職登用の視点から～）。MBA取得、産業カウンセラー。

著者との契約により検印省略

2020年 9 月10日　初 版 発 行

試験合格後の仕事を支える
キャリアコンサルタントのための
労働法と社会保障のしくみ

著　者　石　井　清　香
発行者　大　坪　克　行
印刷所　美研プリンティング株式会社
製本所　牧製本印刷株式会社

発行所　〒161-0033　東京都新宿区
下落合2丁目5番13号
株式会社　**税務経理協会**

振替　00190-2-187408
電話（03）3953-3301（編集部）
FAX（03）3565-3391
（03）3953-3325（営業部）
URL　http://www.zeikei.co.jp/
乱丁・落丁の場合は，お取替えいたします。

ISBN978－4－419－06709－0　C3032